用电脑学社交

Our Brains Are Like Computers!
Exploring Social Skills and Social Cause and Effect with Children on the Autism Spectrum

提 高 社 交 技 能 的 视 觉 策 略

［美］乔尔·沙乌尔（Joel Shaul, LCSW）／著

王漪虹／译

华夏出版社
HUAXIA PUBLISHING HOUSE

目录

简介 *1*

第一部分：我们的大脑就像电脑一样

第1节　其他人的想法十分重要 *3*

第2节　人们的大脑在想什么 *11*

第3节　电脑和大脑能记住什么 *19*

第4节　思想的网络，人们对你的看法 *29*

第5节　探索他人的好恶 *43*

第二部分：活动与练习单

多数人会看到和听到什么？多数人不会看到和听到什么？ *54*

游戏：情绪发现者 *55*

情绪发现者（游戏1） *56*

情绪发现者（游戏2） *57*

你曾在何时说了什么或做了什么让他人有好的感受？ *58*

你曾在何时说了什么或做了什么让他人有不好的感受？ *59*

TA的思维内部（练习单1） 60

TA的思维内部（练习单2） 61

设想一下，你的言行是如何将你和他人的想法联系在一起的？ 62

你往日的言行与其他人的思想！ 64

你往日的言行与其他人的思想！（范例1） 65

你往日的言行与其他人的思想！（范例2） 66

某个人对你的看法从何而来？ 67

某个人对你的看法从何而来？（范例） 68

现在，这两个人在分享关于你的记忆 69

现在，这两个人在分享关于你的记忆（范例） 70

他人对你的看法——过去和未来 71

检核单：他人"不喜欢的事" 72

简介

孤独症谱系障碍（ASD）儿童会觉得其他人的想法太难懂了。在社交世界里，他们区分其他人看到、听到和记住的事的能力十分有限。然而许多谱系儿童却能轻易掌握电脑的规则和逻辑。

我创作《用电脑学社交》就是为了帮助那些电脑悟性高于社交洞察力的孩子们。本书利用视觉策略，将电脑存储器和互联网作为喻体，形象地展示大脑是如何接收关于他人的某条信息、如何储存信息、如何将此信息传递给其他人。《用电脑学社交》旨在帮助谱系儿童清楚地理解自己的言行是如何影响他人的想法的，从而让他们在社交世界中"赢得更多个赞"。

本书的使用方法

本书应与父母、老师或治疗师一起阅读，在阅读的过程中应多做停顿并展开讨论。在学习本书中具有挑战性的重要的内容时，一定要使用积极、正面的口吻。您应当经常重申这一重要事实，那就是很多人都有许多问题，正视并积极解决这些问题是非常好的做法。

鼓励孩子表现出诚实和敞开心扉等良好行为的一种方式就是使用代币制。您可以复印并剪下第74页上的游戏代币，当孩子对自己提出有见地的评论时，就可以获得一张代币。这有助于他们转变思想，意识到"我承认问题，所以我很棒"，而不再认为"如果我承认问题，那只能表明我有多糟糕"。

"游戏：情绪发现者"（第55~57页）实际上是探索社交原因与社交结果的练习。"游戏1"关注其他人的行为如何影响玩家自己的想法和情绪。"游戏2"则相反，关注玩家自己的言语和行为，以及这些行为如何对他人产生积极或消极的影响。

为了保持本书正面思考的连贯性，"检核单：他人'不喜欢的事'"（第72和73页）被放在了本书的最后。您可以随时与孩子一起核检清单。您可以为孩子复印这份检核单，在玩"游戏：情绪发现者"及完成其他练习单时，把检核单放在手边会对孩子有很大帮助。

本书包含很多张可复印的练习单，这些练习单旨在帮助孩子探索自身言行是如何影响其他人的。您可能会发现，许多孩子在完成练习单时，以及与您或其他孩子讨论时，会十分慎重地思考。这些练习单在复杂程度、写作量及是否要求配图方面各不相同。尽管书中提供了大量的练习单，但您不必要求孩子完成全部练习，您可以根据孩子的才能和偏好选择适当的练习。

第一部分

我们的大脑就像电脑一样

第 1 节
其他人的想法十分重要

你能看见其他人。

你能听见他们说的话。

眼睛和耳朵就像照相机

和录音麦克风,

看得到人们在做什么,

也听得到人们在说什么。

其他人看得到你,也听得到你。

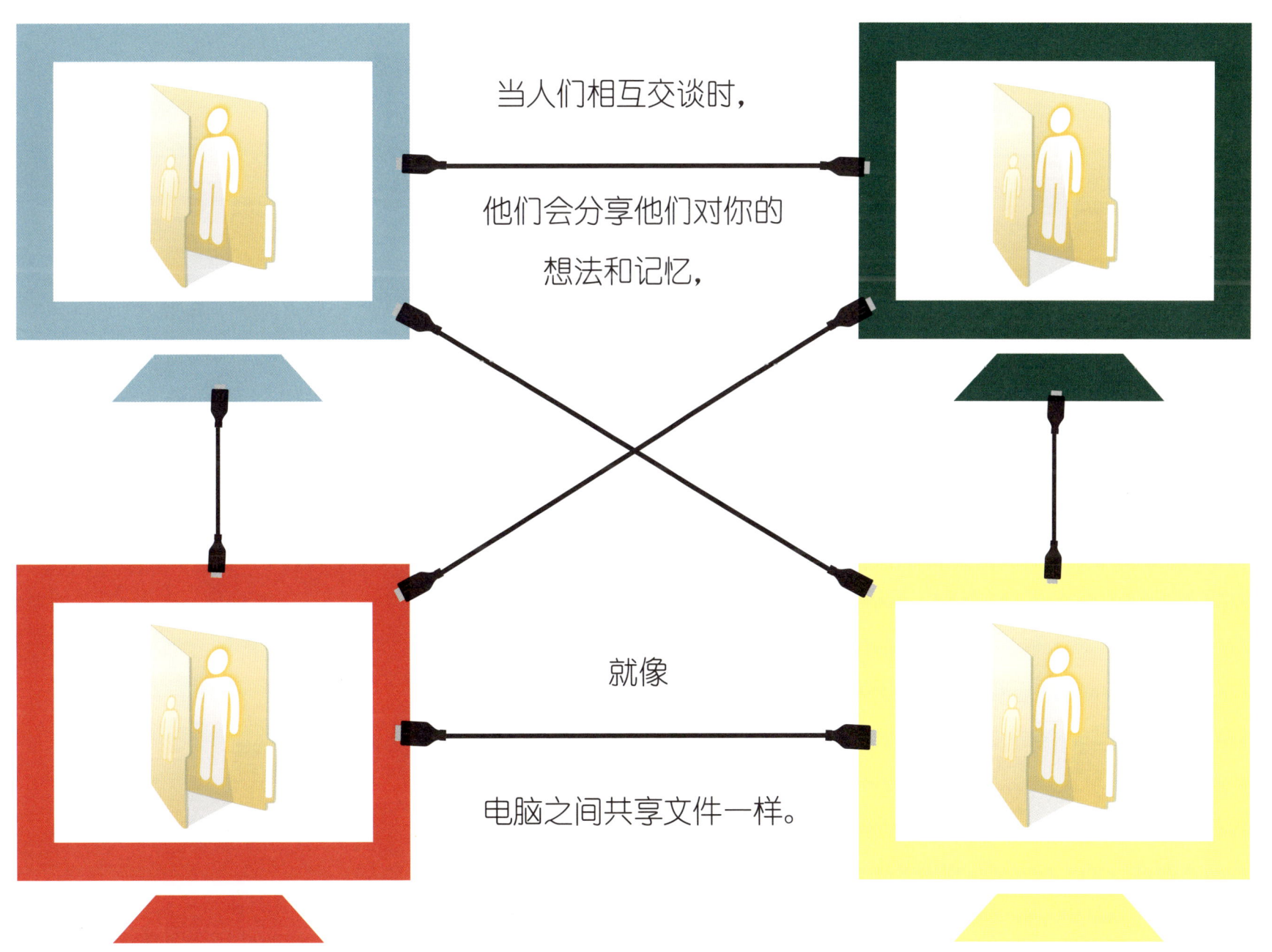

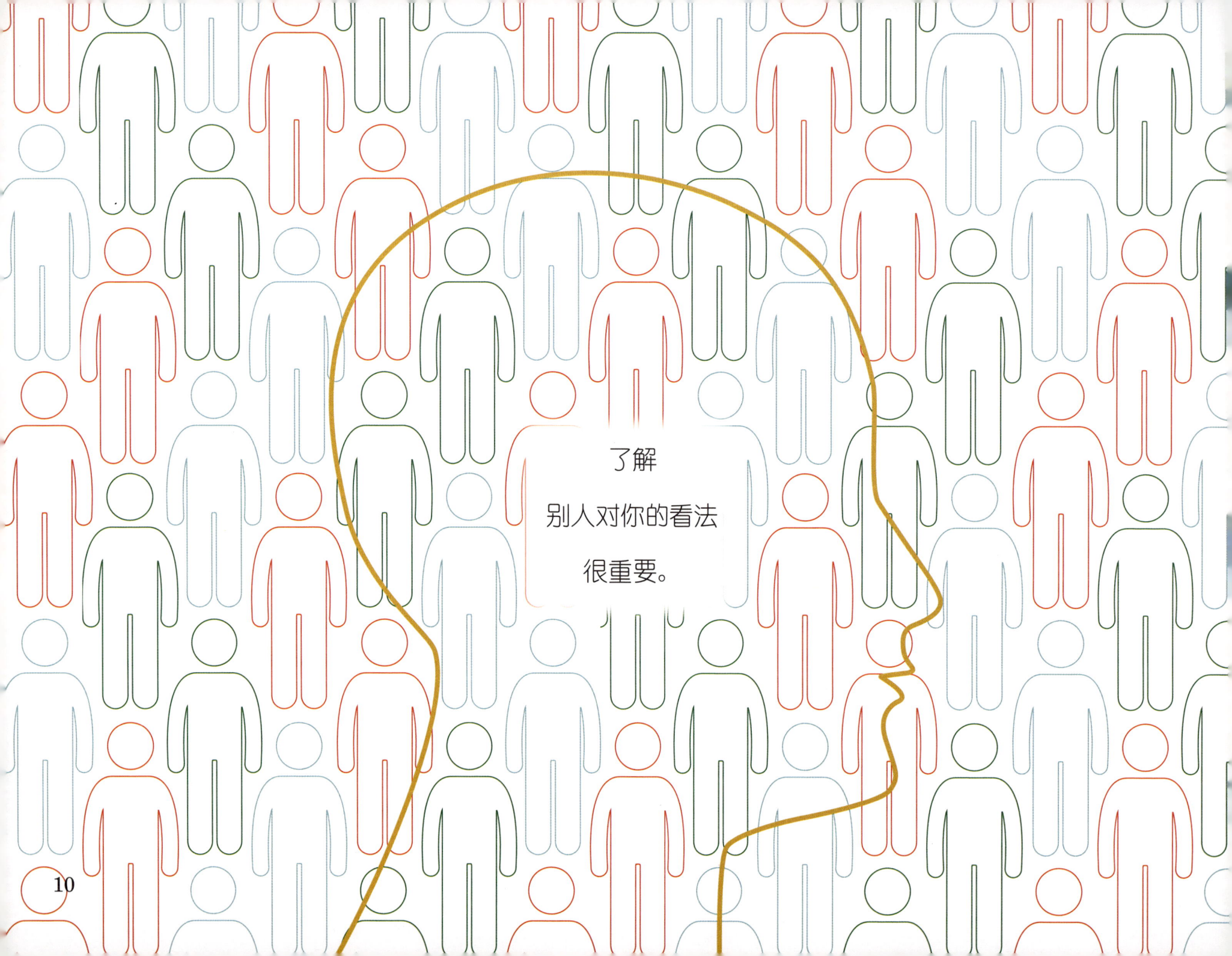

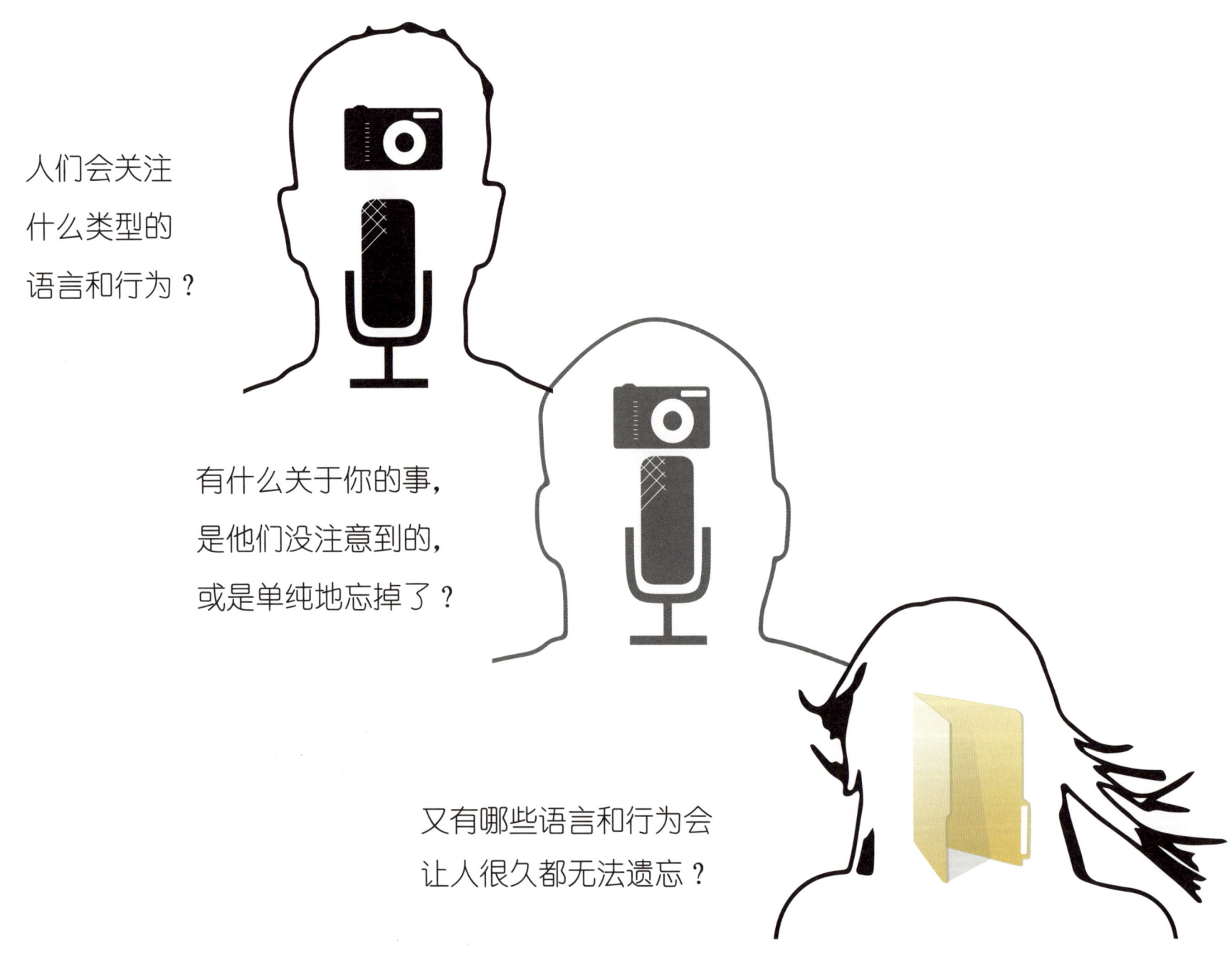

人们会注意到并记住那些对他们来说十分重要的事。

那么问题来了——对大多数人来说，什么更重要？

看一看，这五个不同的头脑里都有什么。

什么类型的事物最多？

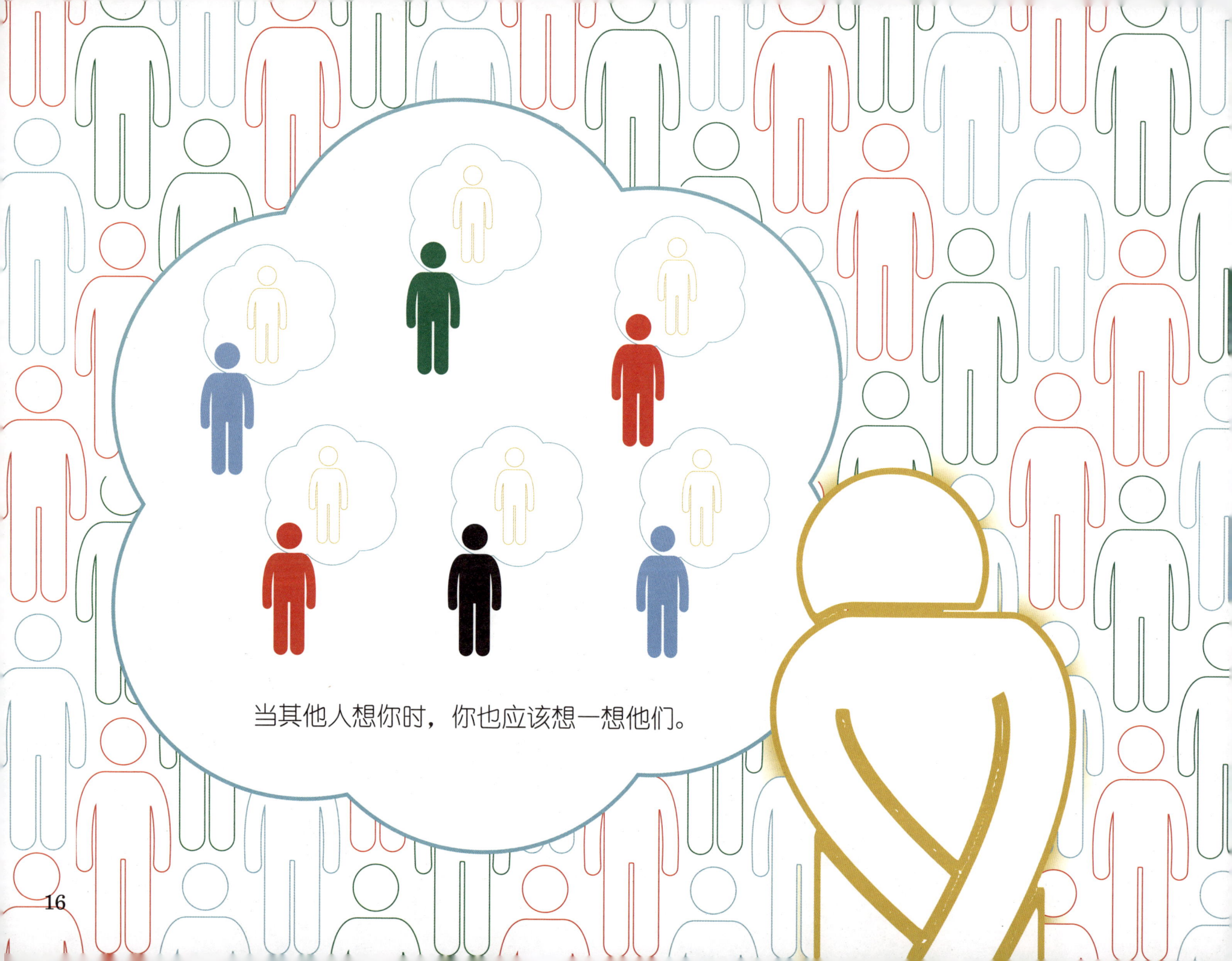

当其他人想你时，你也应该想一想他们。

哪怕，刚开始时会有些困难。

第3节

电脑和大脑能记住什么

无论是什么内容，电脑统统都会记住，直到内容被删除。

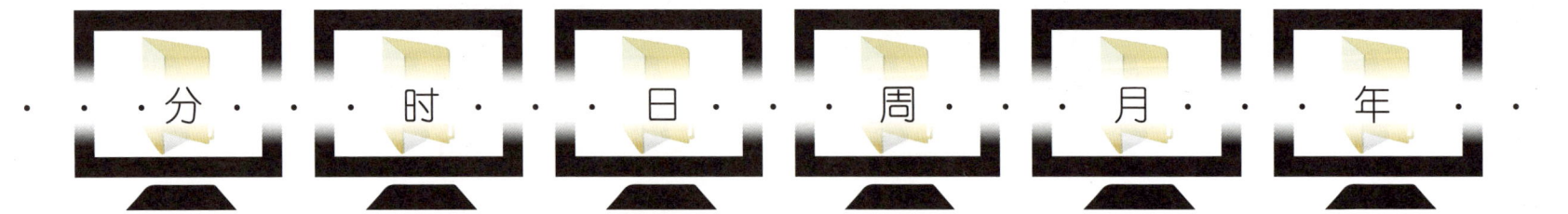

大脑也有记忆功能，但并不会像电脑那样记住所有的事。

大脑会在一段时间后遗忘掉很多记忆，

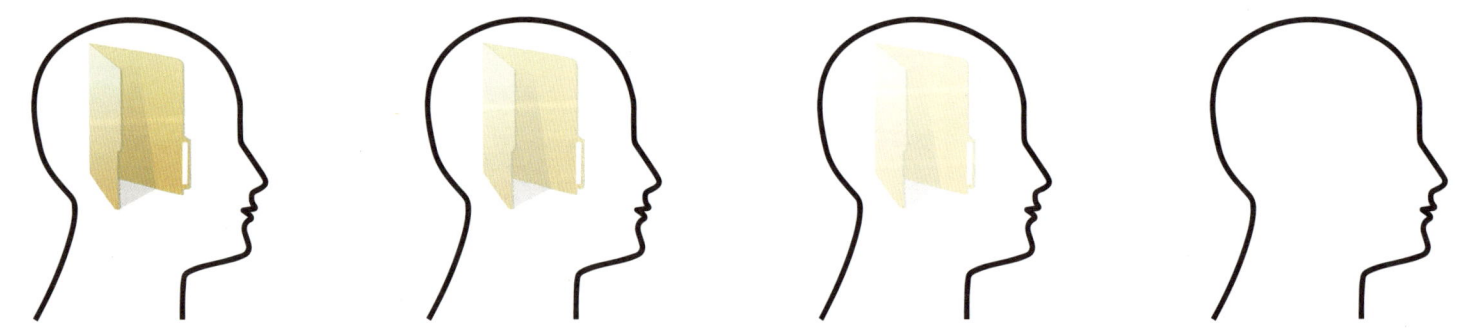

然而大脑会把另一些"记忆文档"保存得更深刻、更持久。

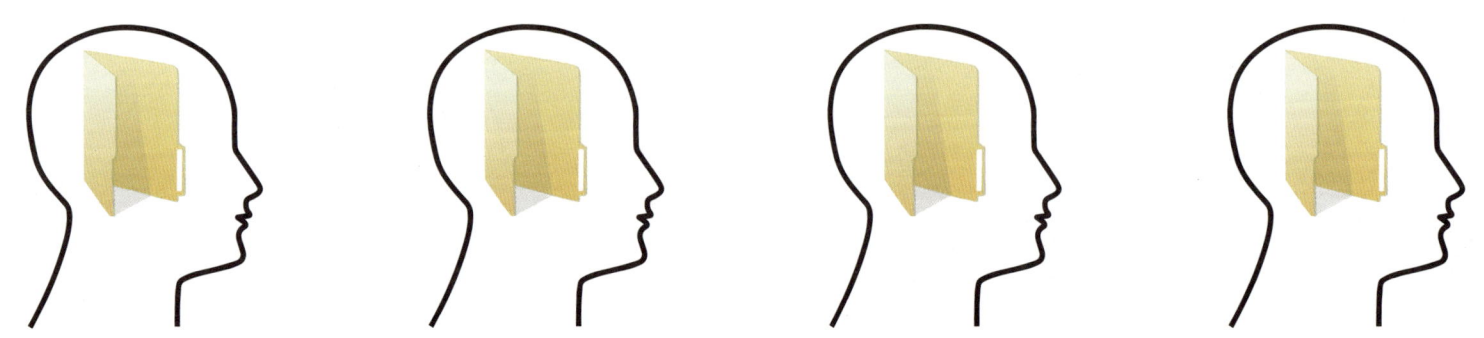

理解电脑和大脑在这方面的差异十分重要。

在人们的头脑中,有强烈情绪体验的记忆往往能保持……保持……再保持。

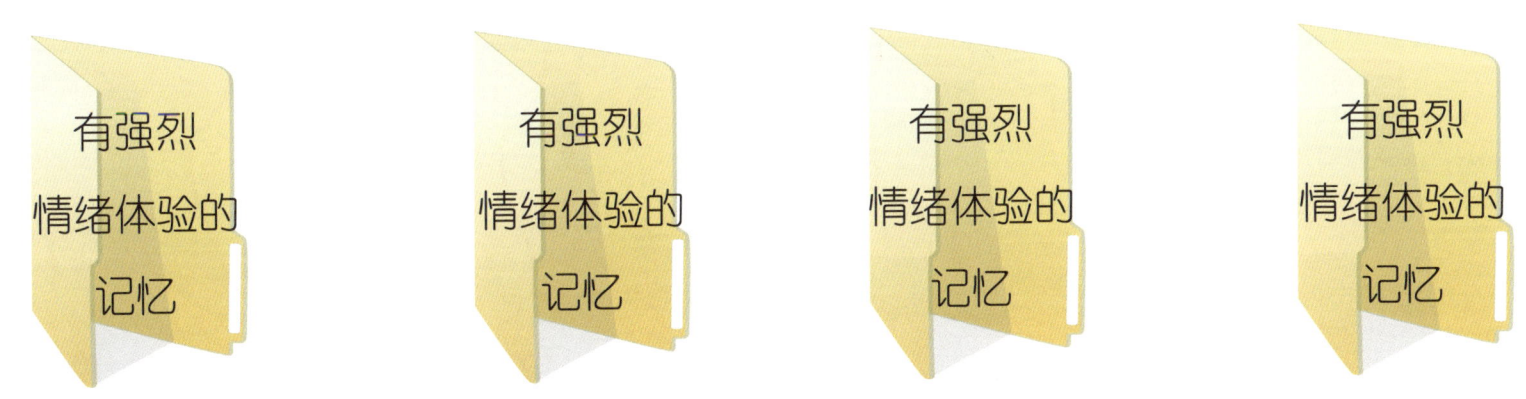

没有强烈情绪体验的记忆往往会随时间的流逝而被淡忘。

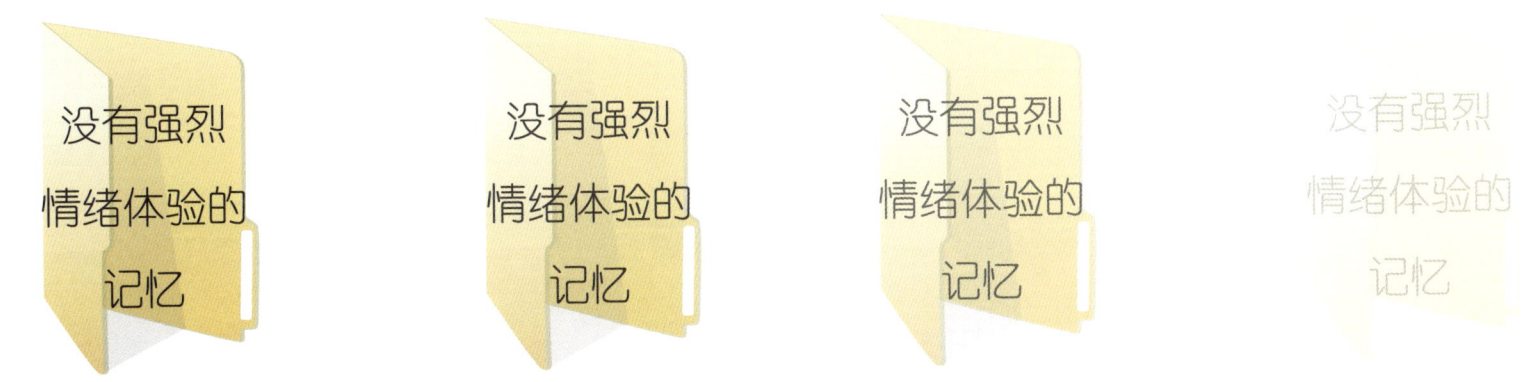

让我们看一看,没有强烈情绪体验的记忆是如何在人们的头脑中消退、被淡忘的。

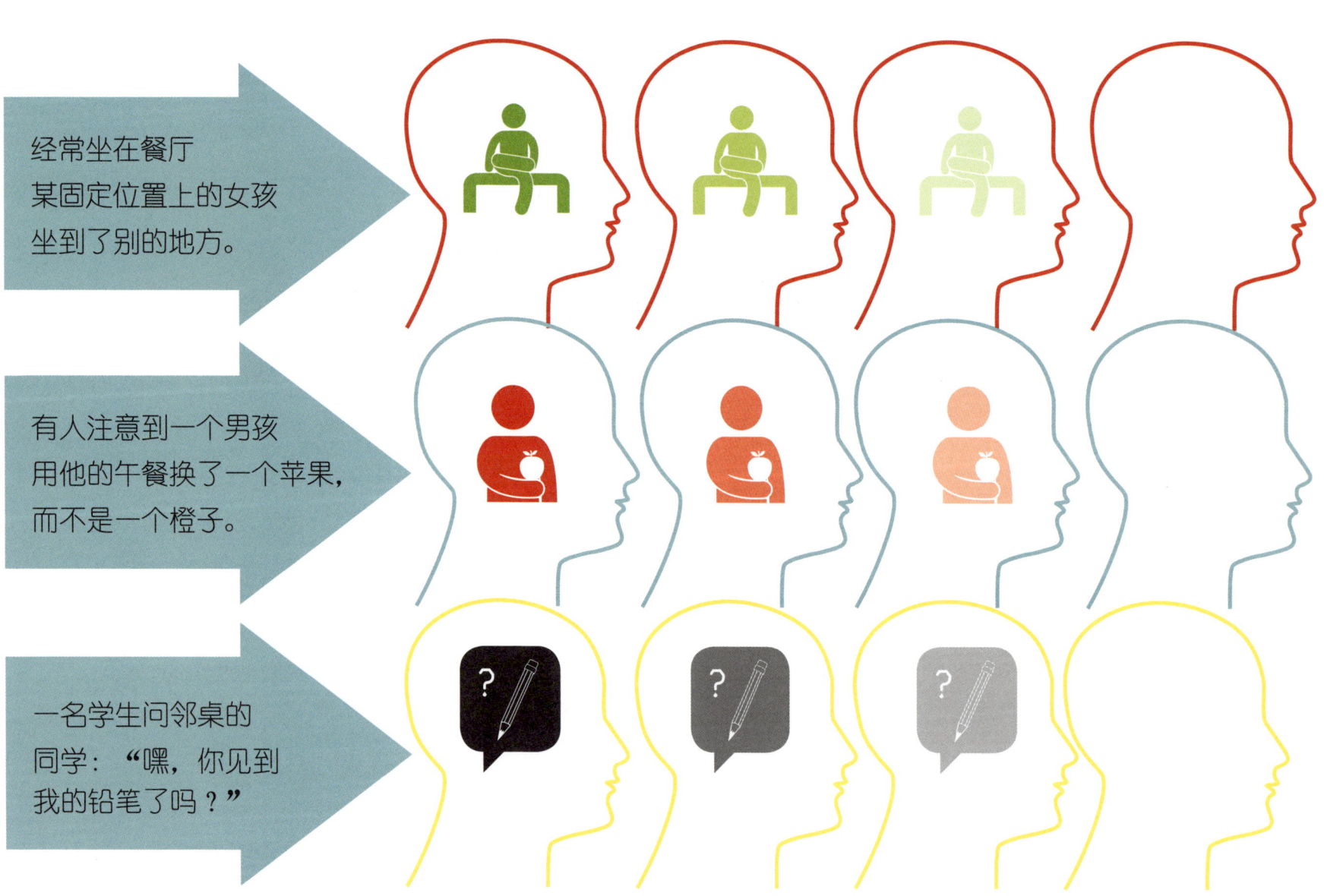

经常坐在餐厅某固定位置上的女孩坐到了别的地方。

有人注意到一个男孩用他的午餐换了一个苹果,而不是一个橙子。

一名学生问邻桌的同学:"嘿,你见到我的铅笔了吗?"

但是有强烈情绪体验的记忆并不相同。

看一看人们如何通过帮助他人拥有强烈的美好情绪体验，创造持久的记忆。

随着时间的推移，这些记忆只会稍稍褪色。

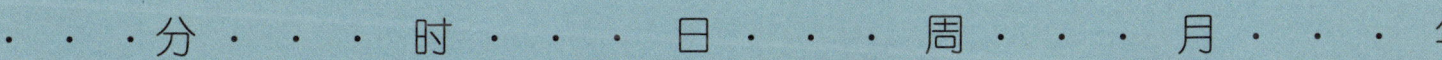
···分···时···日···周···月···年···

在人们有需要时，
帮助他们或照顾他们。

关注他人，让他们真正感受到
被重视、被倾听。

说、做或制作一些别人
真正感兴趣的事物。

对另一个人说一些
亲切和鼓励的话。

你自己就能做到哦。

你可以通过帮助他人拥有强烈的美好情绪体验，在他们的心中留下持久的美好回忆。

在他人的脑海里，你的言语和行为可能会让他们有类似这样的感受。

就像他们正在听他们最爱的音乐一样！

就像他们正在闻一朵花一样！

就像他们正在抚摸一只小奶猫一样！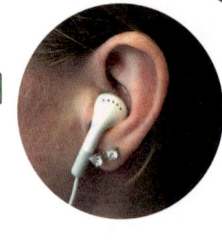

就像他们正在吃他们最爱的食物一样！

就像他们收到礼物一样！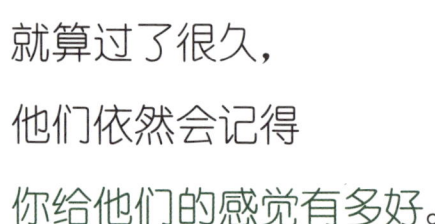

就算过了很久，他们依然会记得你给他们的感觉有多好。

你也有可能给他人留下持久的不良记忆。

发生这种情况的原因有很多，这里只列举几种。

这些记忆虽然也会被渐渐遗忘，但通常会保存很久。

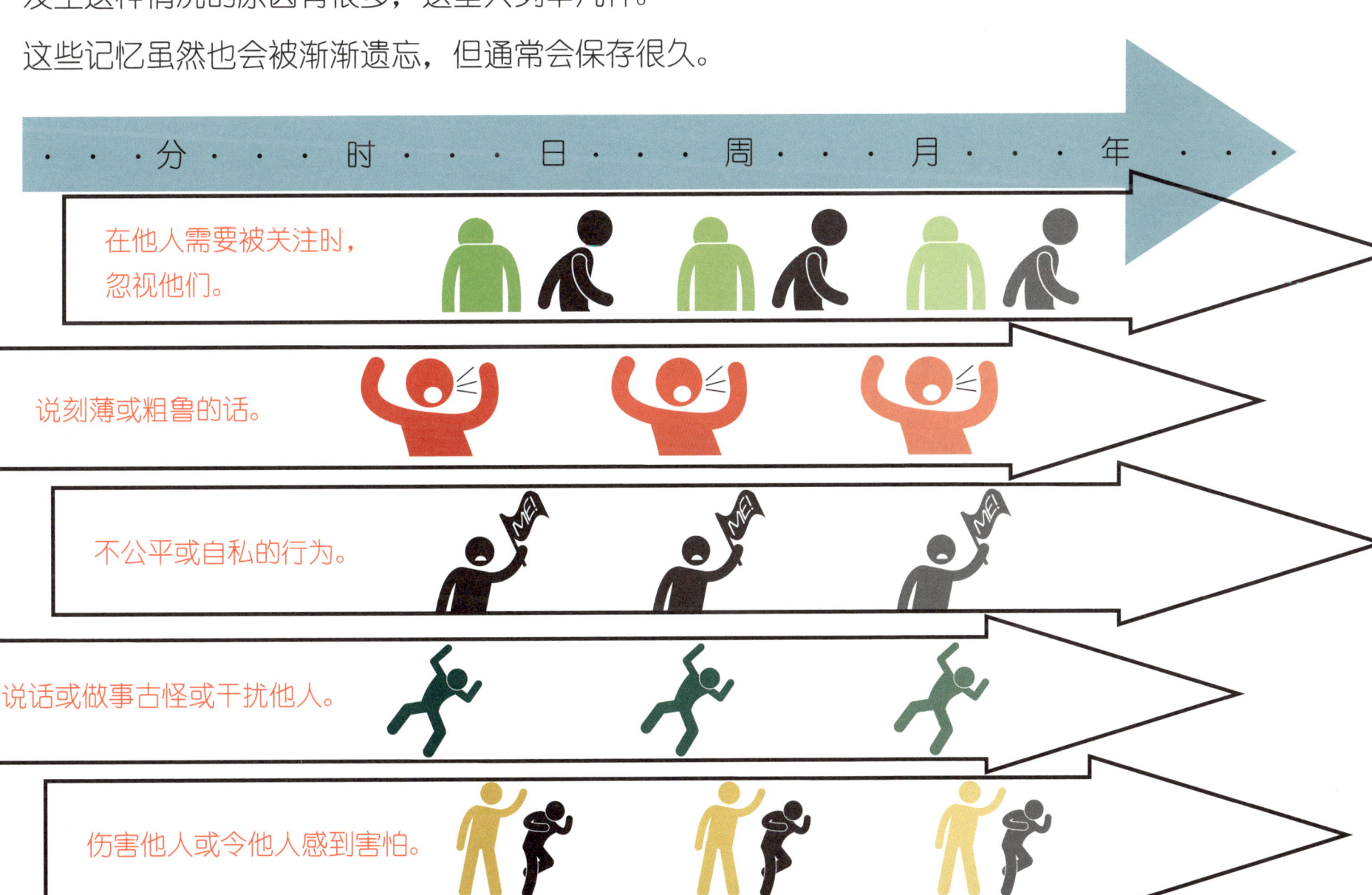

通过引起他人强烈的不良感受,

你会让他们在脑海里产生类似这样的感受。

就像他们正在闻难闻的东西一样!

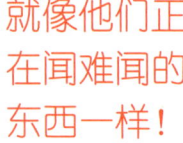 就像他们的脚趾正被踩到一样!

就像他们听到火警在耳边响起一样!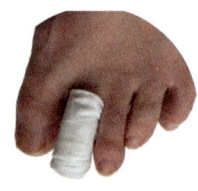

 就像他们感觉冷得刺骨一样!

就算过了很久,

他们依然会记得

你给他们的感觉有多糟。

所以，在人生的旅程中，你会不断地把记忆放进他人的脑海里——
那是关于你所说所做的记忆。

渐渐遗忘的记忆······

历久弥新的记忆······

是让人感觉美好的记忆······

还是让人感觉糟糕的记忆······

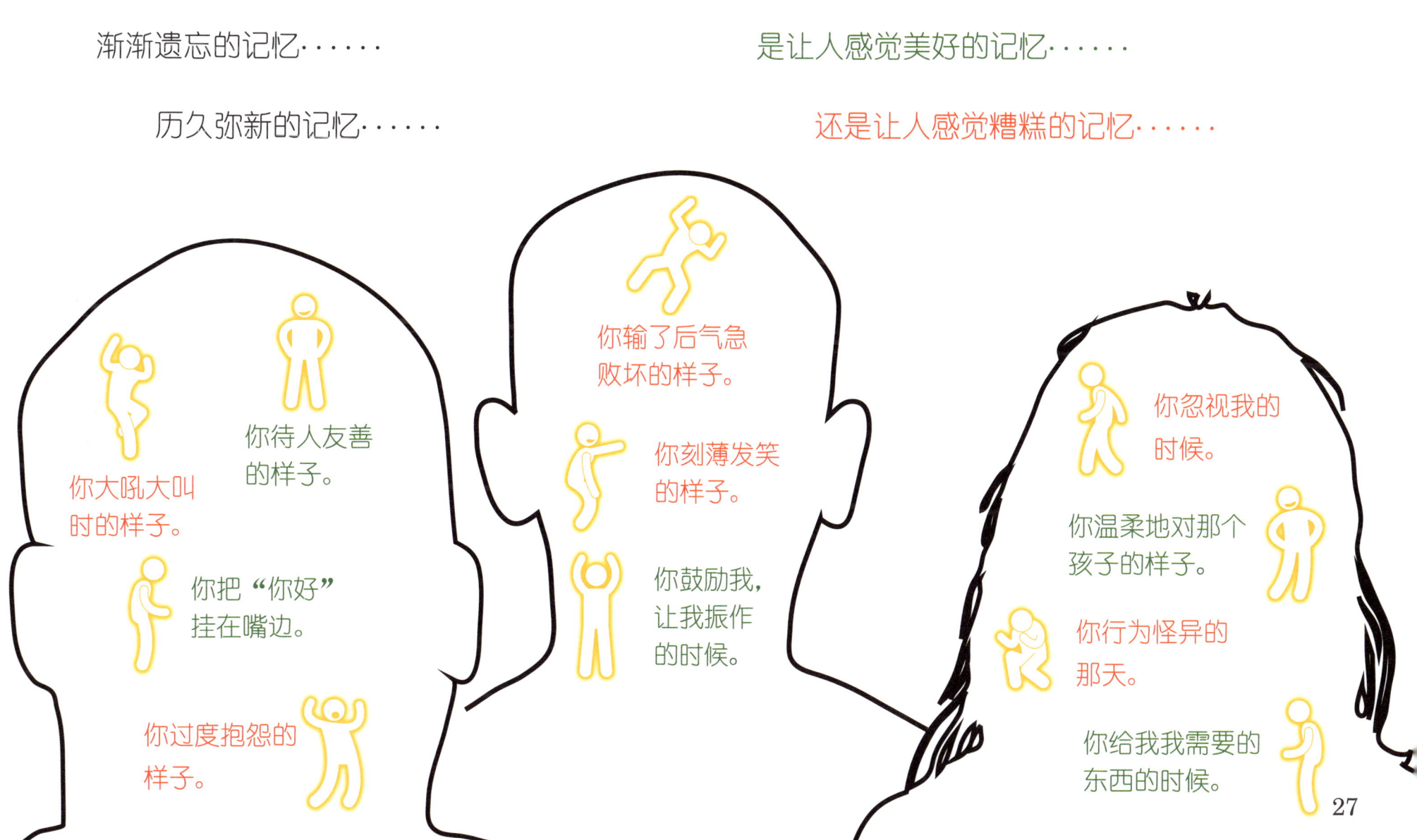

认真思考一下。

不论好坏，你都在你认识的人的脑海里留下了哪些持久的记忆？

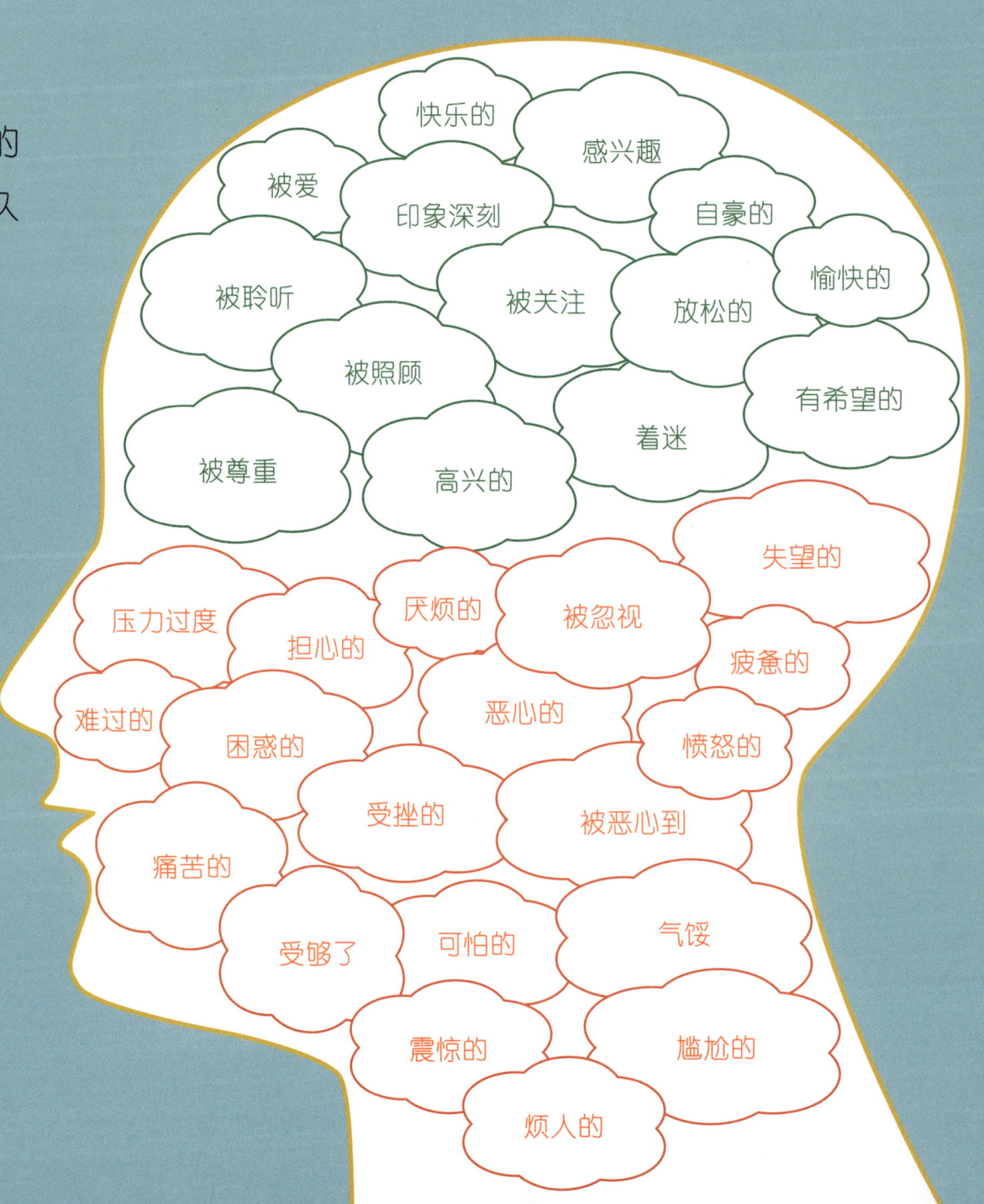

人们会想你并记住关于你的事。他们还会通过与其他人交谈，传递关于你的事实和感受。

如何传递，有些话可以用来提醒你。

也许你听过一些类似这样的说法，比如"给人留个好印象""赢得个好名声"。

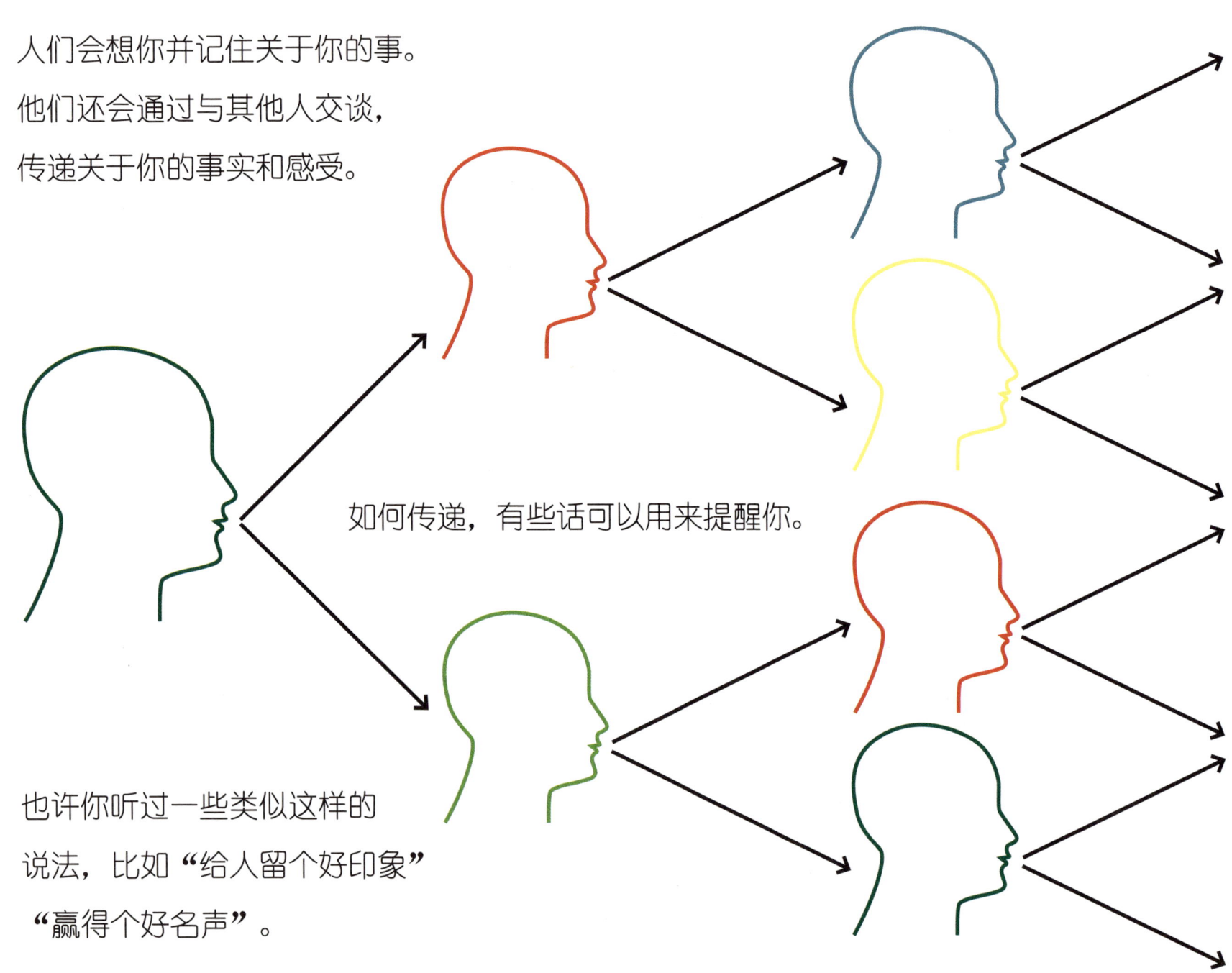

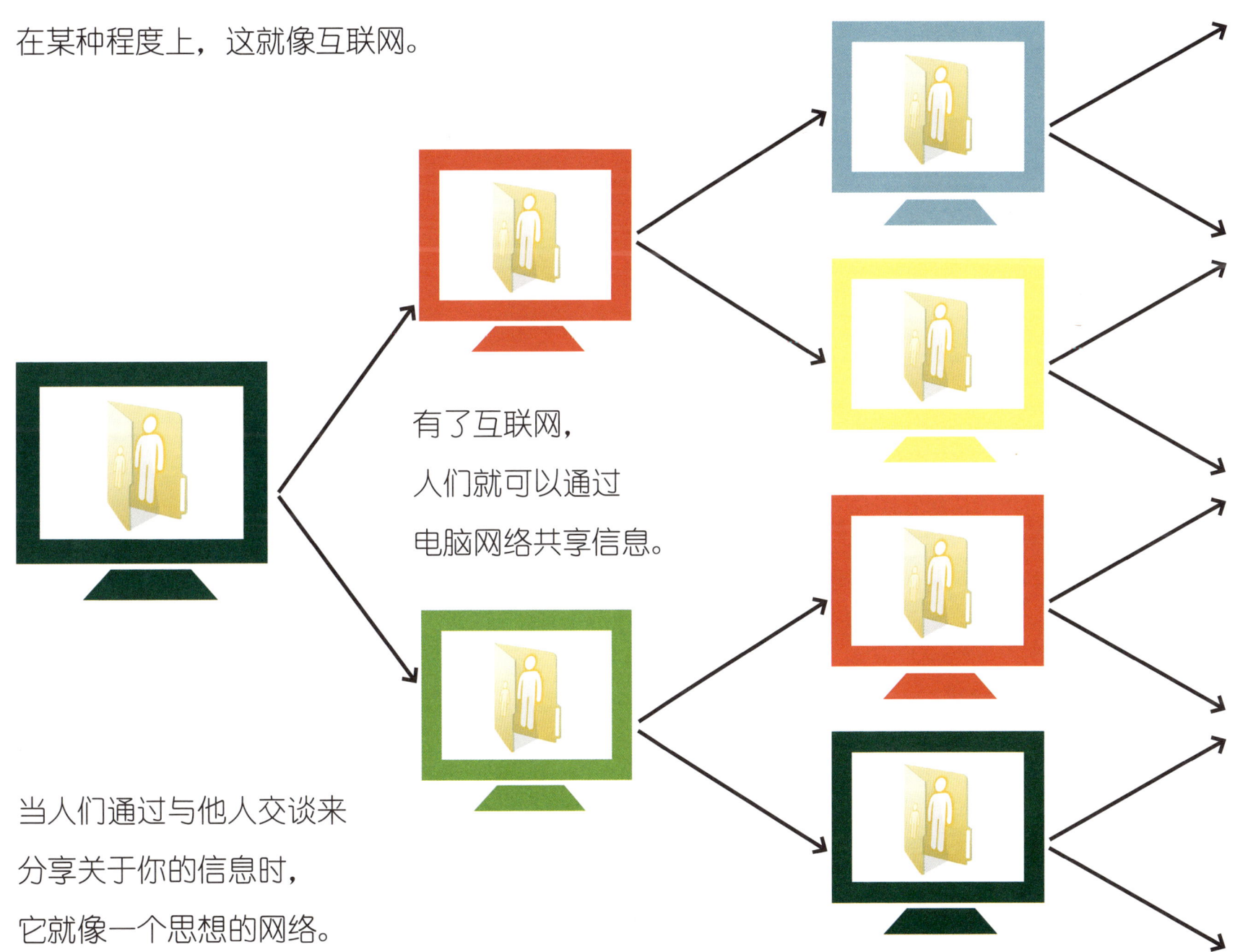

思想网络与人们喜爱的记忆

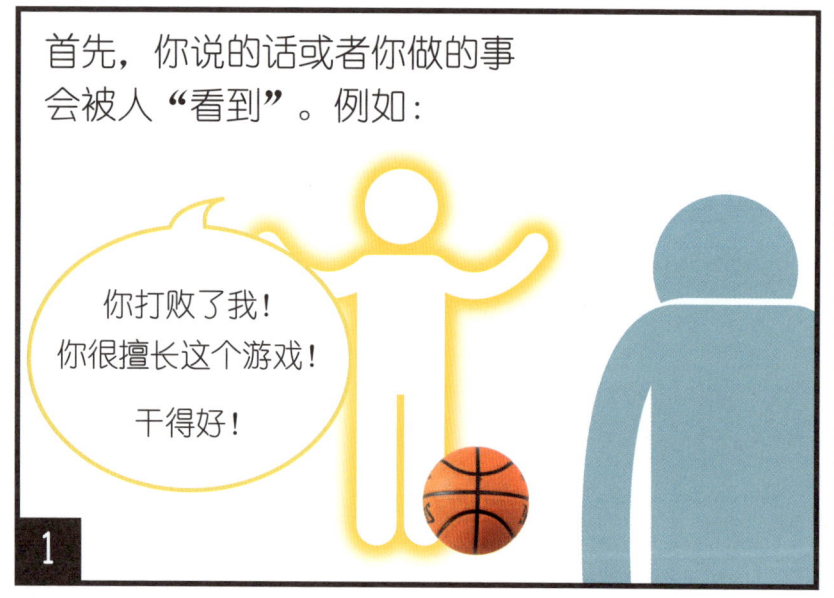

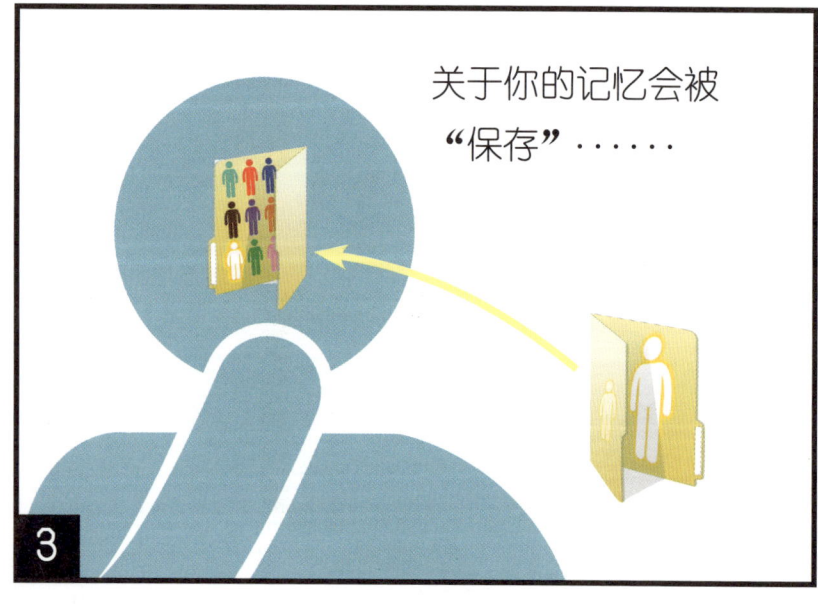

在这个人的脑海里，他决定与他人"分享"关于你的感受和记忆。

嗯……这是一个很好的人，我应该告诉丽莎。

你在这里！

5

这个人在与其他人分享一些关于你的想法和感受。

嘿，丽莎，当他输掉比赛时，他非常冷静！

6

她是否"喜欢"她所了解到的，由她自己决定。

7

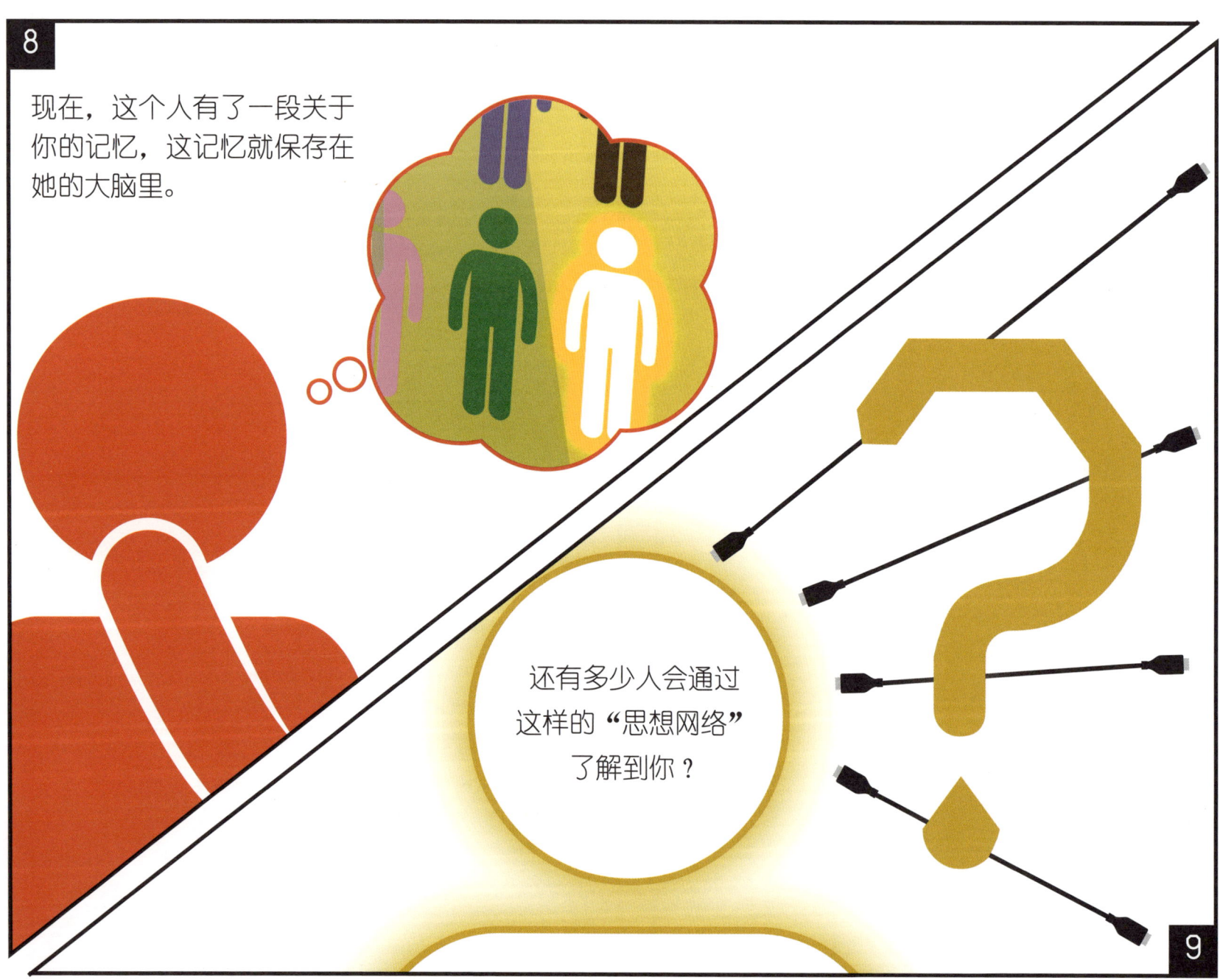

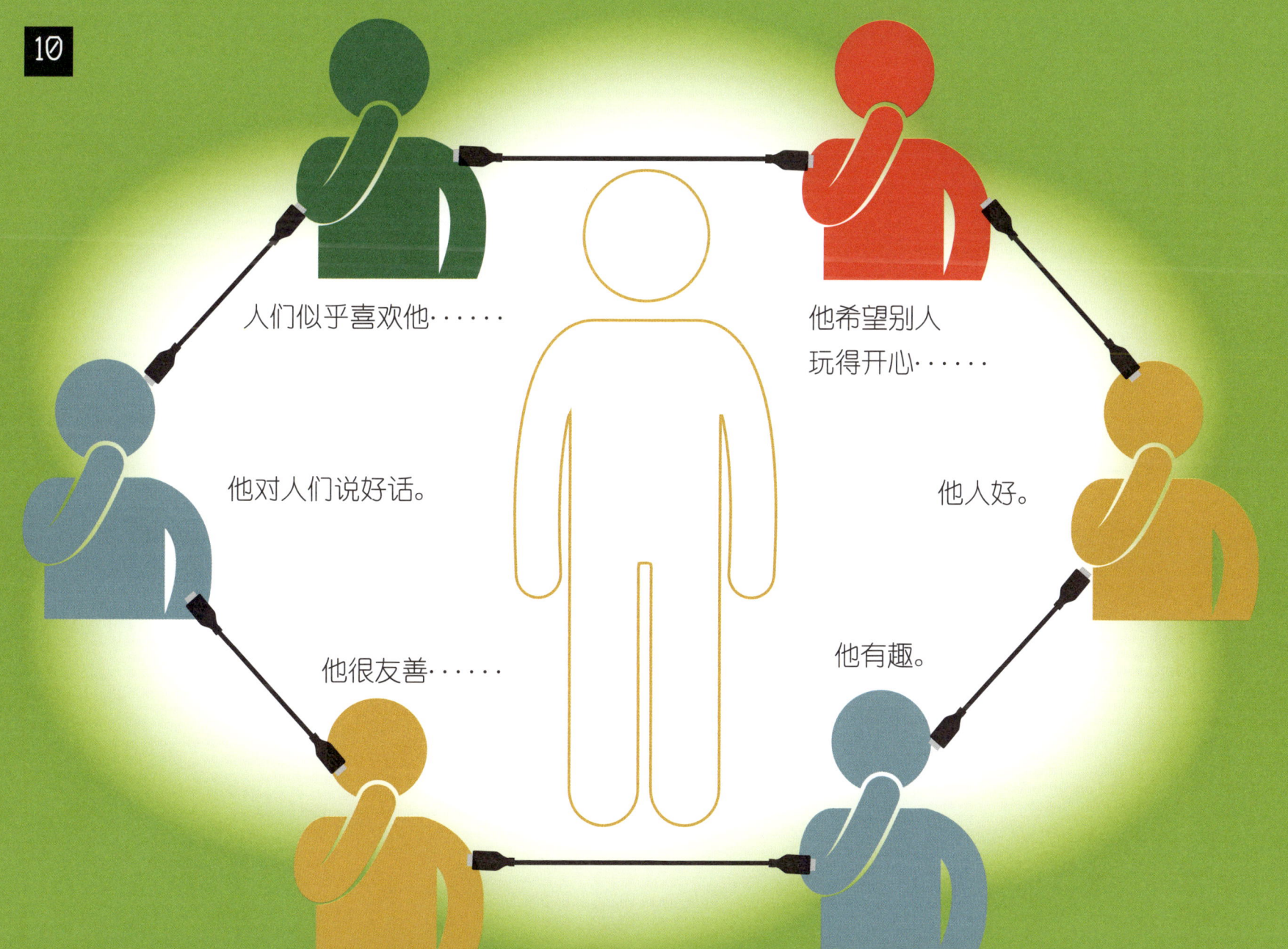

思想网络和人们不喜欢的记忆

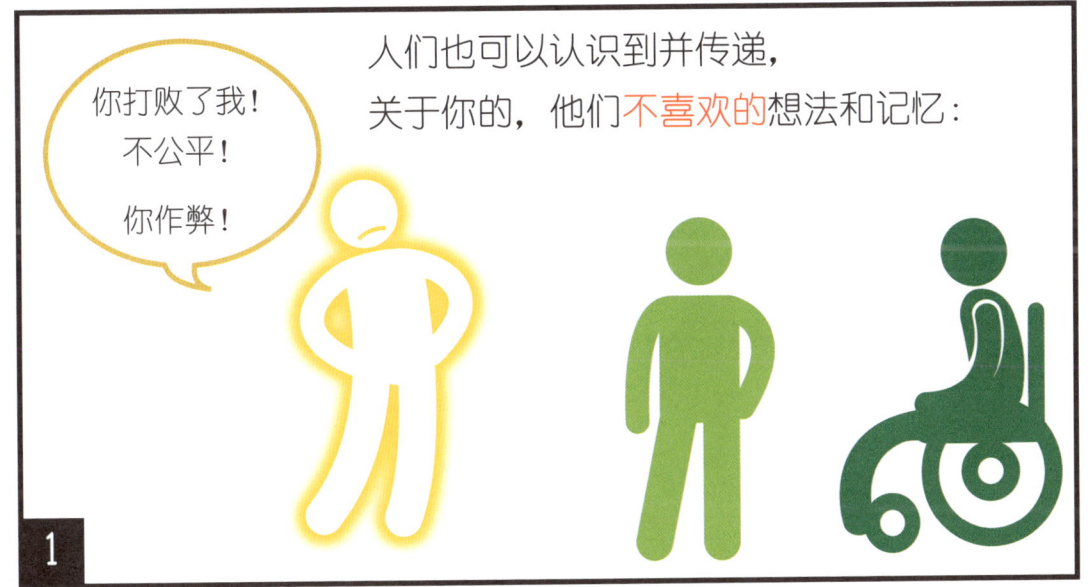
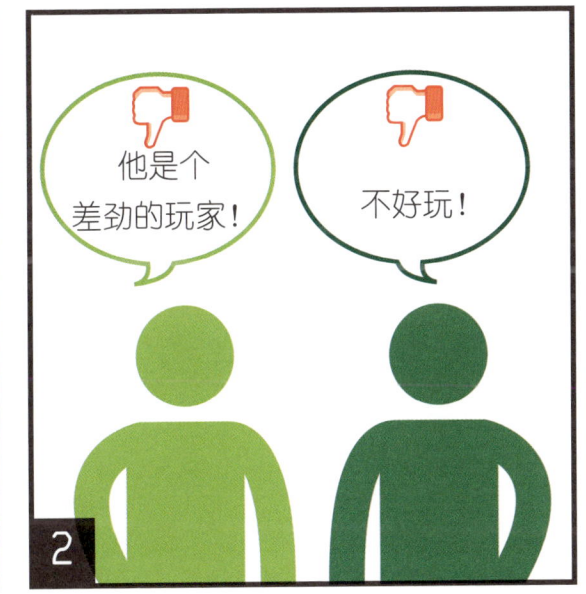

很多人最终可能会记住你不关心的事情。

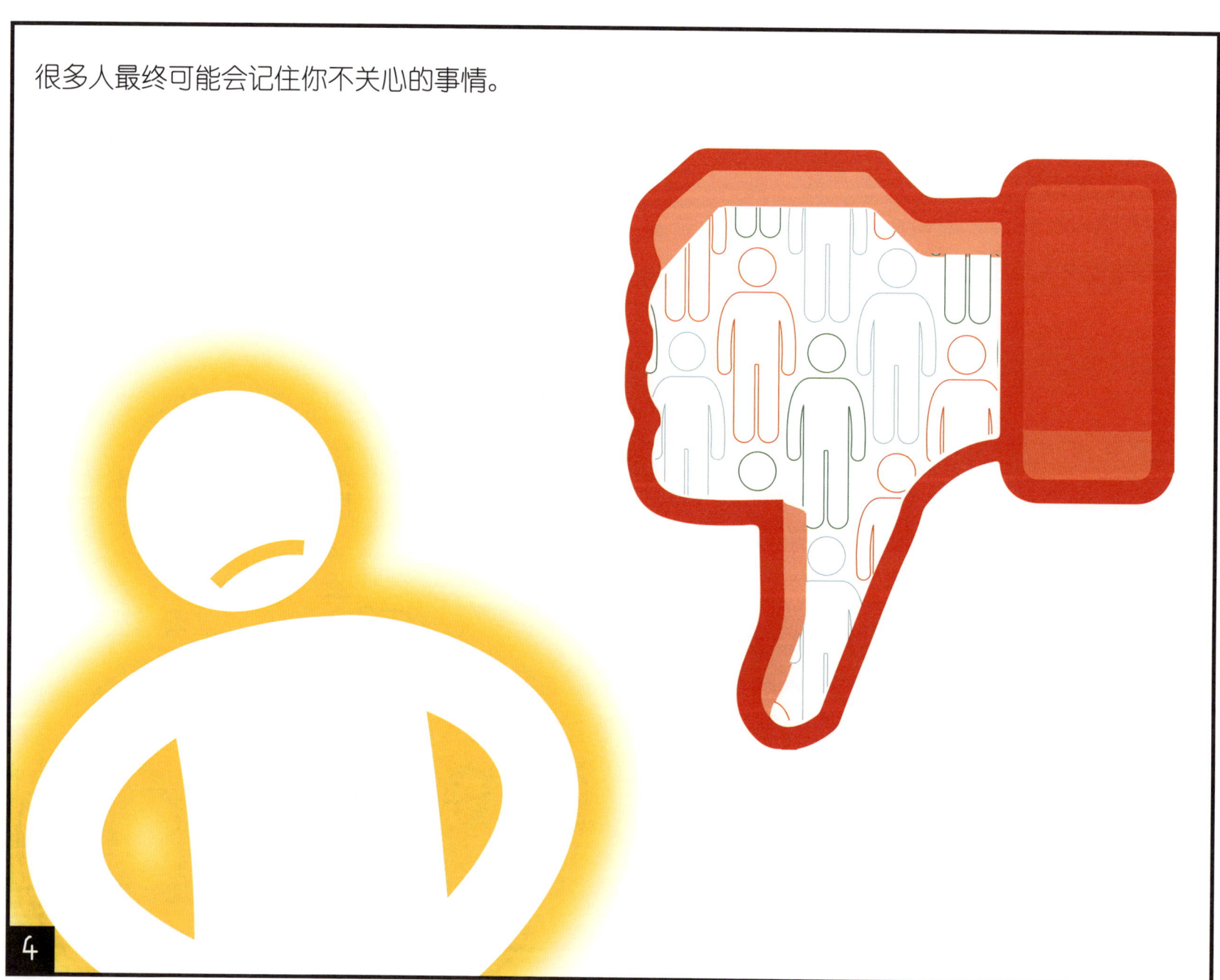

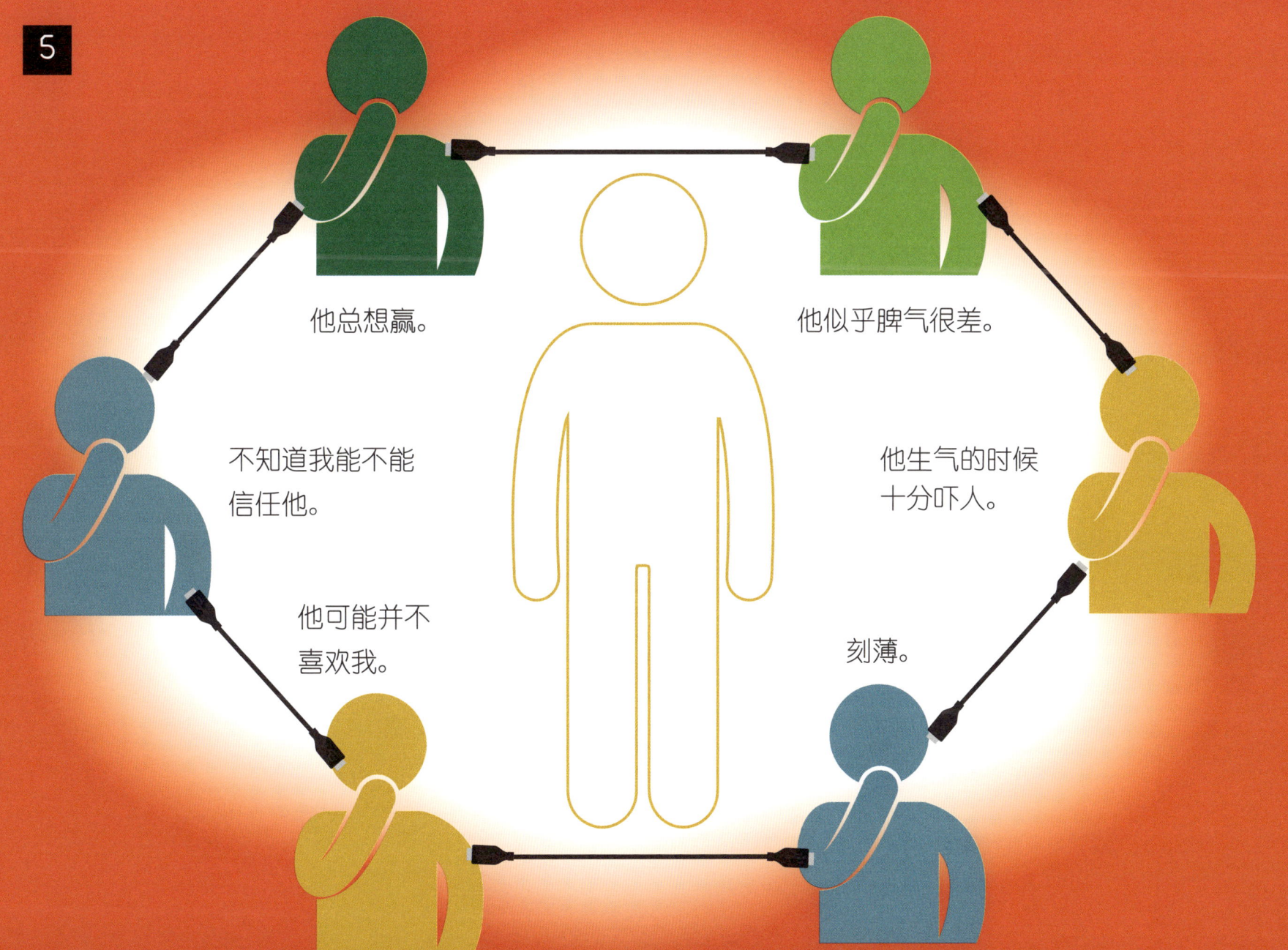

恐怕没人能赢得所有人100%的喜爱。

通常，都是在两个极端之间，既有喜欢的地方，也有不喜欢的地方。

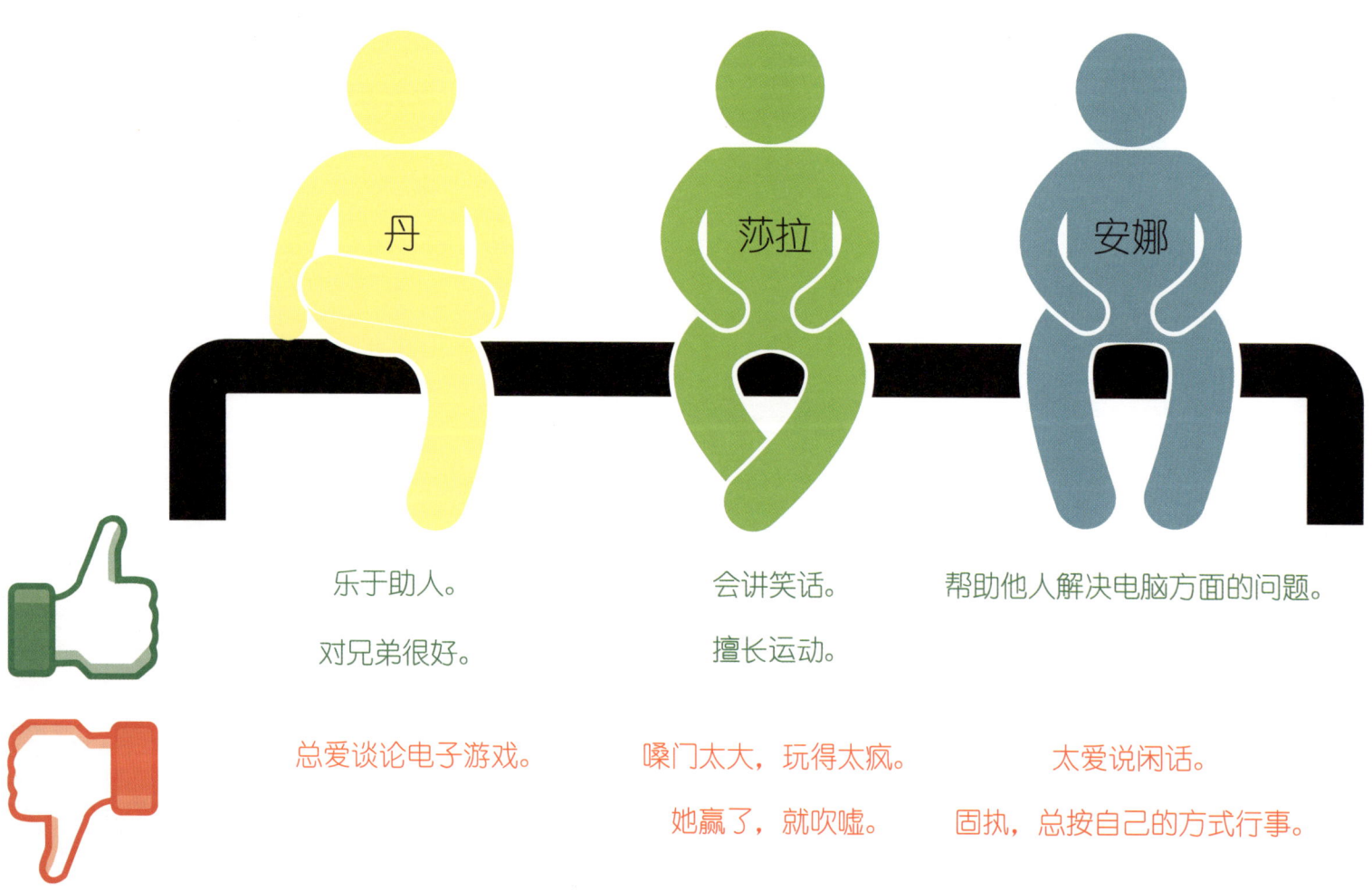

大多数人都有招人喜欢的地方，也有让人不喜欢的地方。

有时候人们会因为不好的理由而不喜欢一个人，
尽管这个人很好、善良，还风趣。

如果这件事发生在你或其他任何人身上，
那可真的很悲哀。

在下一页中，有几个好人的例子。

让我们来看一看，他们是如何努力让别人了解并喜欢他们的。

如果你认识这样的人，他们的优秀品质不被其他人所赞赏，

你应该尽你所能多多了解他们并且"喜欢"他们。

很多人都说米娅这样的坏话：

　　她超重。

　　她有阅读困难。

米娅

然而，这里有一些关于米娅的其他事实：

　　她从不刻薄对待任何人。

　　她救了两只猫。

　　她画的画很酷。

很多人都说赖安这样的坏话：

　　他对电子游戏知之甚少。

　　他在操场上跑得实在是太慢了。

赖安

然而，这里还有一些关于赖安的其他事实：

　　赖安出生时，腿部有问题。现在他走起路来，仍有些困难。

　　他很风趣，会讲笑话。

　　他对人们说好话。

第5节

探索他人的好恶

没有人是完美的。

听到她夸一些女生的妆化得好。

输了电子游戏,她就会发飙。

功课太难,她就会抱怨。

有时候,他也很有趣。

有一次,他给了我一瓶饮料……

希望他能系好鞋带……

他挖鼻孔。

吹嘘他的自行车。

他帮我修过一次自行车……

是的，没有人是完美的……
大人不完美，小孩子不完美，
我不完美，你不完美。

但是，我们都会做一些令他人欣赏的事……
他人可能了解并喜欢的事。

为了将更多关于你的好想法放进他人的脑海里，
你首先要做的就是
要更好地理解别人欣赏你什么。

然后，你再努力多做这样的事。

花些时间想一想你的优点，以及你做过的好事。稍后，你身边的成人会帮你想更多。

- 你很了解的事。
- 你擅长的事。
- 你为他人做的好事。
- 你做过的或说过的令他人喜欢的事。
- 你在生活中闯过的难关。

接下来的问题可能会更难回答。

请你再多想一些人们不喜欢的关于你的事。

然后,你可以尽量少做那些他人不喜欢的事。

在接下来的几页里,你将更加了解自己。
即便你发现一些问题,也无须担心!
其实,你承认的问题越多,越能说明你是一个勇敢和善良的人,因为你愿意探索这些问题。

如何处理你的问题

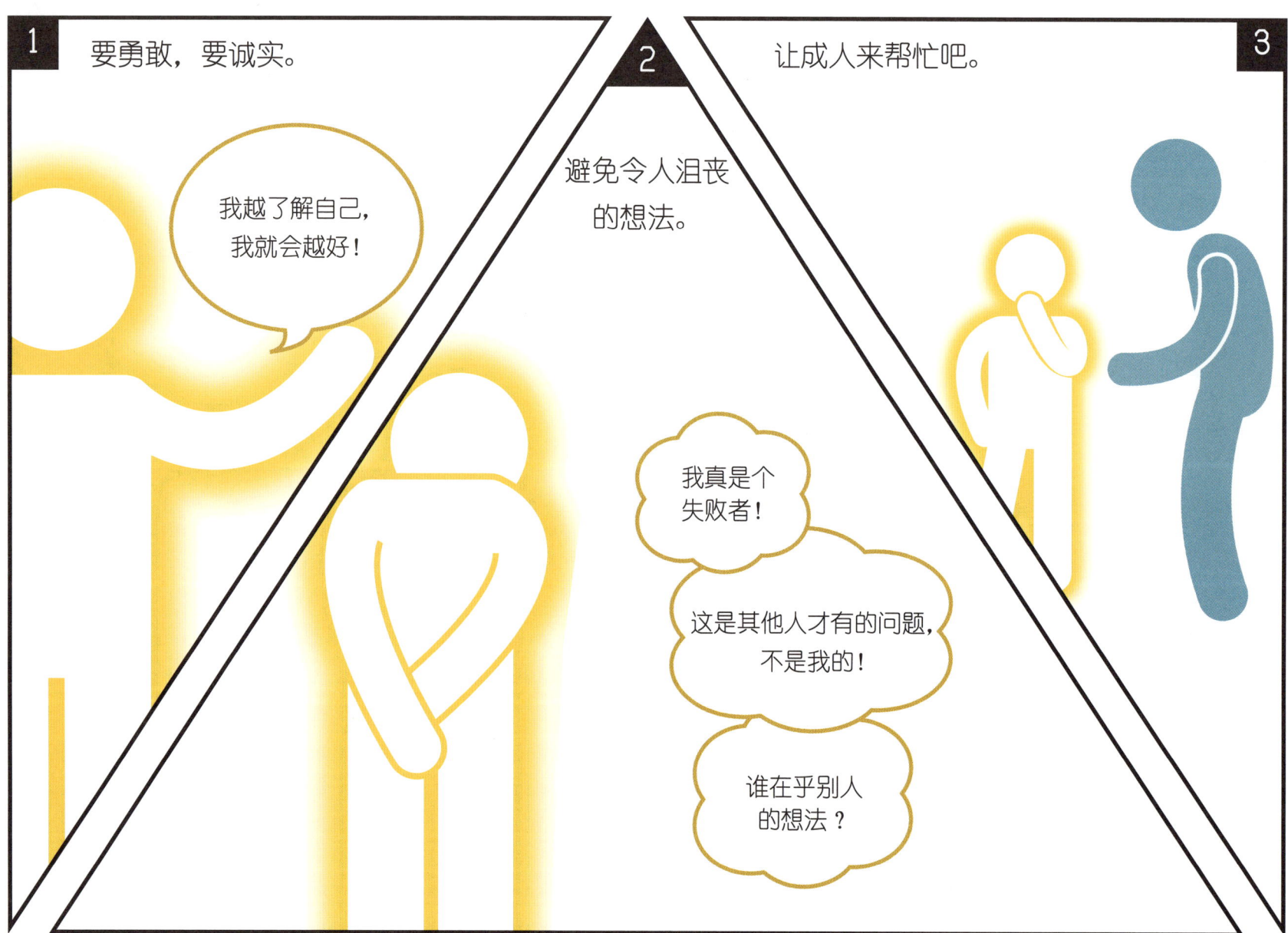

4 处理你**可以**改变的事⋯⋯ | 而不是你**无法**改变的。

可以改变的（绿色）：
- 人们说我该改改我的脾气。他们可能是对的。
- 我一定可以保持身体清洁并穿得更好。人们会注意这些地方。
- 我做的一些事似乎困扰到了他人。我可以处理这些事情。
- 我可以关注他人，并对他们认为重要的事情表现出兴趣。
- 花太多时间玩电子游戏，有时令我远离人群。我需要注意这点。

无法改变的（红色）：
- 我只有两个好朋友。我至少需要十个！
- 如果我踢不好足球，女孩们永远都不会喜欢我！
- 如果我将来不能成为一名著名的电子游戏设计师，那就太糟糕了！
- 无论我怎么做、怎么说，有些人对我就是那么刻薄。我在这样一个不友好的世界里，实在太无助了。
- 在嘈杂、拥挤的地方，我感觉会很糟糕！不会有人喜欢我的！

某些观点会减缓你对他人看法的理解进度。

持有更好的思想和观点,这样可以保持正面思考,取得进展。

试想一下，随着你的成长，人们对你的看法会发生怎样的变化？

想象一下，在你学习和做出改变后，
人们可能会发现你有哪些新的和好的地方？

第二部分

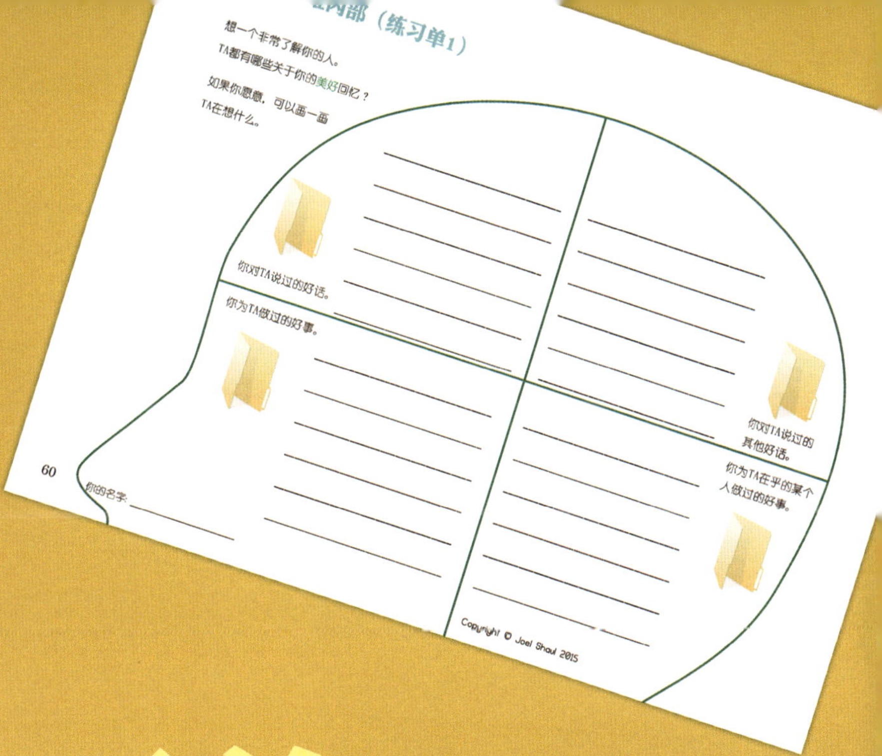

活动与练习单

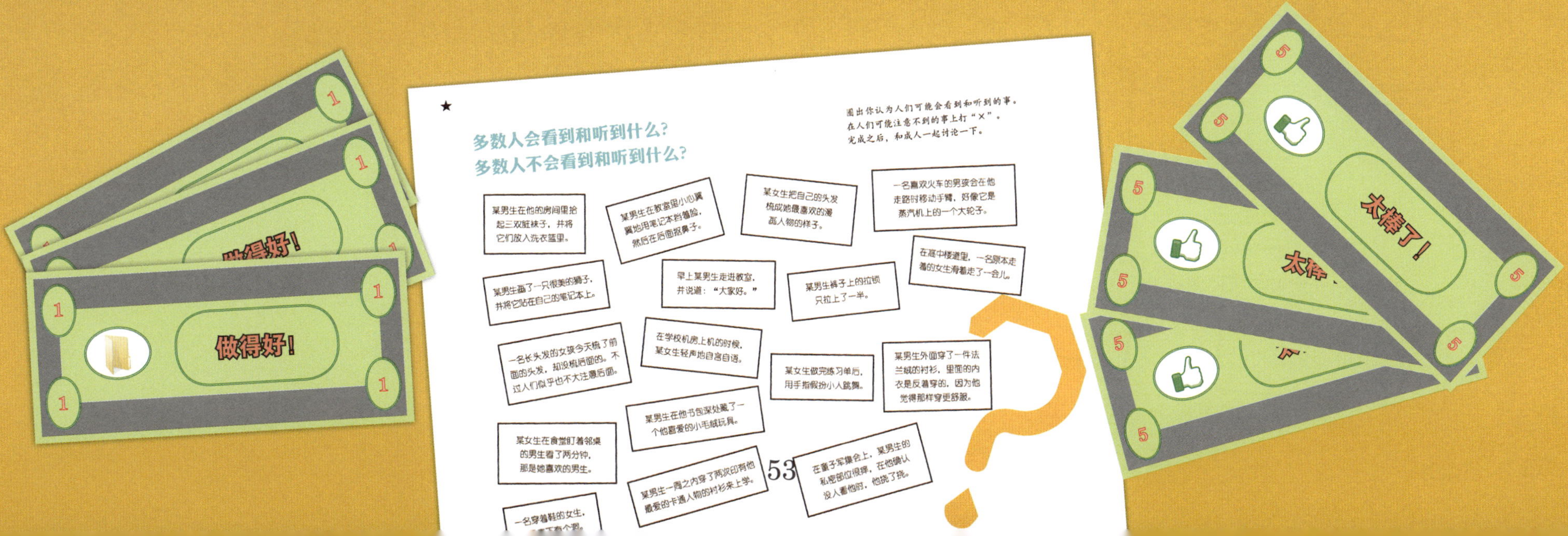

多数人会看到和听到什么?
多数人不会看到和听到什么?

圈出你认为人们可能会看到和听到的事。
在人们可能注意不到的事上打"×"。
完成之后,和成人一起讨论一下。

- 某男生在他的房间里拾起三双脏袜子,并将它们放入洗衣篮里。
- 某男生在教室里小心翼翼地用笔记本挡着脸,然后在后面抠鼻子。
- 某女生把自己的头发梳成她最喜欢的漫画人物的样子。
- 一名喜欢火车的男孩会在他走路时移动手臂,好像它是蒸汽机上的一个大轮子。
- 某男生画了一只很美的狮子,并将图画贴在自己的笔记本上。
- 早上某男生走进教室,并说道:"大家好。"
- 某男生裤子上的拉锁只拉上了一半。
- 在高中楼道里,一名原本走着的女生滑着走了一会儿。
- 一名长头发的女孩今天梳了前面的头发,却没梳后面的。不过人们似乎也不大注意后面。
- 在学校机房上机的时候,某女生轻声地自言自语。
- 某女生做完练习单后,用手指假扮小人跳舞。
- 某男生外面穿了一件法兰绒的衬衫,里面的内衣是反着穿的,因为他觉得那样穿更舒服。
- 某女生在食堂盯着邻桌的男生看了两分钟,那是她喜欢的男生。
- 某男生在他书包深处藏了一个他喜爱的小毛绒玩具。
- 某男生一周之内穿了两次印有他最爱的卡通人物的衬衫来上学。
- 在童子军集会上,某男生的私密部位很痒,在他确认没人看他时,他挠了挠。
- 一名穿着鞋的女生,袜子底下有个洞。

你的名字:_____

Copyright © Joel Shaul 2016

游戏：情绪发现者

情绪发现者·游戏1

1. 请将书翻至第56页，并将打开的书放在你和另一名玩家之间。
2. 轮到你时，请掷一枚硬币。
3. 如果正面朝上，请回答一个绿色问题。
4. 如果反面朝上，请回答一个红色问题。

你可以向成人询问线索。

你可以和另一个人或另外几个人一起玩这个游戏。

情绪发现者·游戏2

1. 请将书翻至第57页，并将打开的书放在你和另一名玩家之间。
2. 轮到你时，请掷一枚硬币。
3. 如果正面朝上，请回答一个绿色问题。
4. 如果反面朝上，请回答一个红色问题。

你可以向成人询问线索。

你可以和另一个人或另外几个人一起玩这个游戏。

*你可以使用游戏代币来玩这个游戏。

情绪发现者（游戏1） 其他人是如何让你产生想法和感受的？

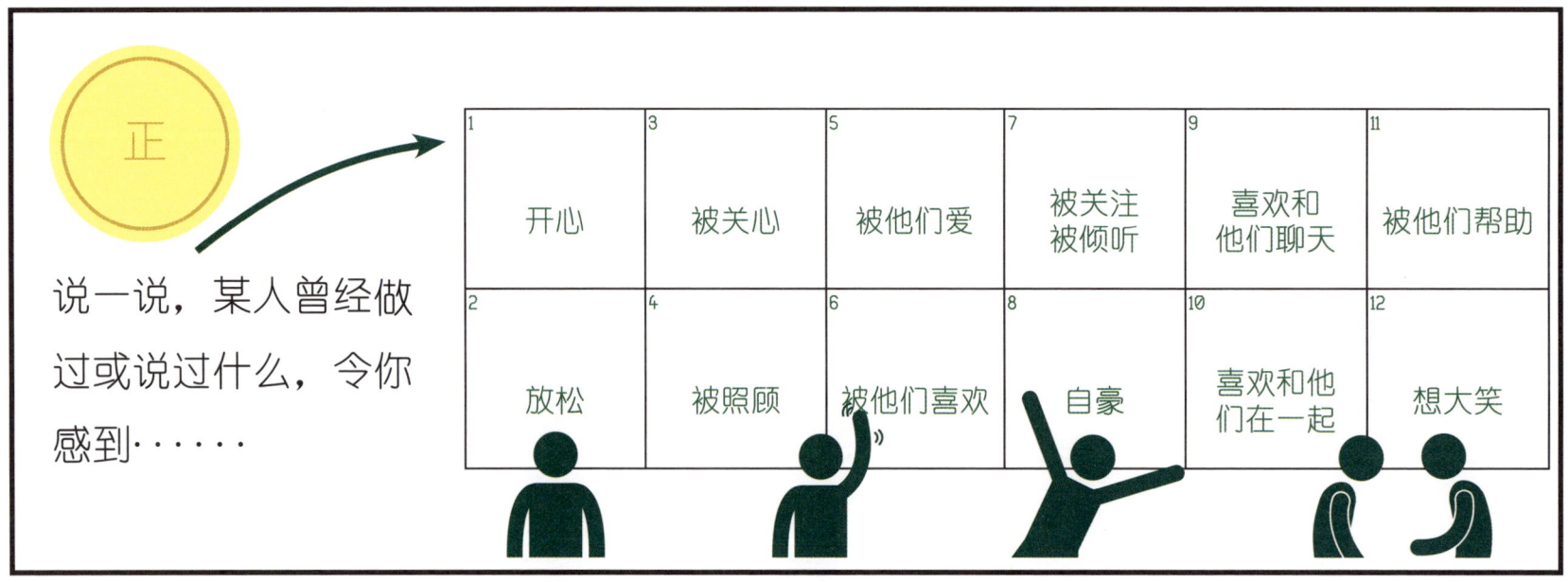

情绪发现者（游戏2） 你是如何让其他人产生想法和感受的？

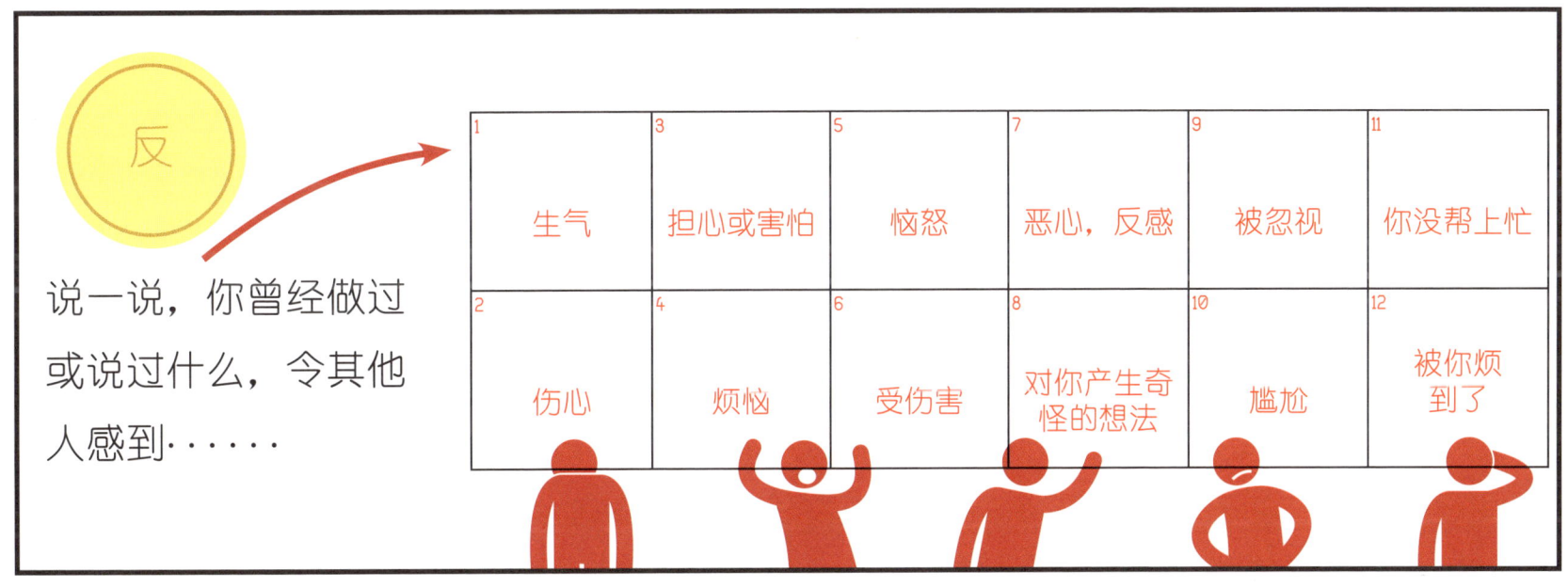

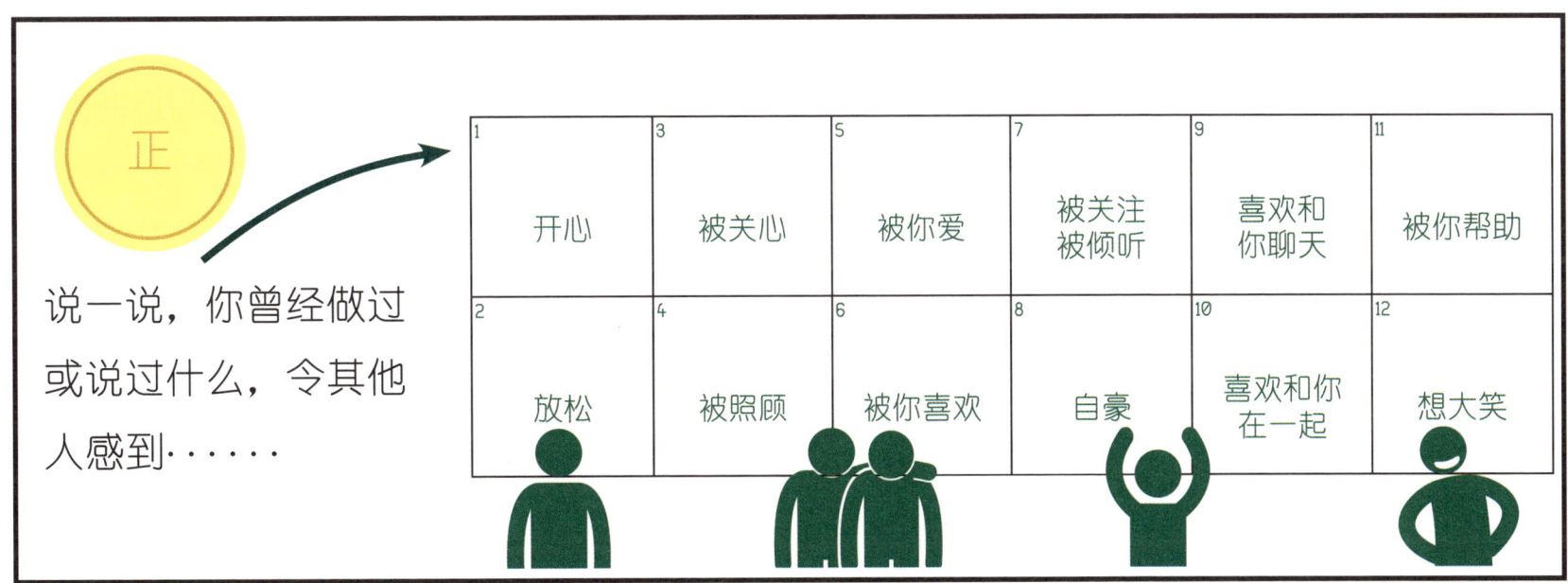

★

你曾在何时说了什么或做了什么让他人有好的感受?

想一个你十分了解的人。你做过什么事,让这个人感觉好?请完成下面的句子。如果你愿意,还可以画几幅简单的配图。

我曾经令 _____

感到放松,当我_____

_____

_____

我曾经令 _____

感到自豪,当我_____

_____

_____

这个人的名字:
_____

我曾经令 _____

感到愉悦,当我_____

_____

_____

我曾经令 _____

感到开心,当我_____

_____

_____

你的名字: _____

你曾在何时说了什么或做了什么让他人有不好的感受?

想一个你十分了解的人。你做过什么事,让这个人感觉不好?请完成下面的句子。如果你愿意,还可以画几幅简单的配图。

我曾经令 _____

感到 愤怒, 当我 _____

_____

_____

我曾经令 _____

感到 紧张, 当我 _____

_____

_____

这个人的名字:
_____

我曾经令_____

感到 失望, 当我_____

_____

_____

我曾经令 _____

感到 羞愧, 当我_____

_____

_____

你的名字: _____

TA的思维内部（练习单1）

想一个非常了解你的人。

TA都有哪些关于你的美好回忆？

如果你愿意，可以画一画TA在想什么。

你对TA说过的好话。

你对TA说过的其他好话。

你为TA做过的好事。

你为TA在乎的某个人做过的好事。

你的名字：＿＿＿＿＿＿＿＿＿＿

Copyright © Joel Shaul 2015

TA的思维内部（练习单2）

想一个非常了解你的人。

TA都有哪些关于你的 不好的 回忆？

如果你愿意，可以画一画TA在想什么。

那次，你伤害了TA。 _____

那次，你说了伤人的话。 _____

那次，你表现得很古怪或很不成熟。 _____

那次，你令TA感到厌倦或气馁。 _____

你的名字：_____

Copyright © Joel Shaul 2015

设想一下，你的言行是如何将你和他人的想法联系在一起的？

想想你做过的事或说过的话。设想一下，对方会有怎样的感受，而这个人又会对其他人怎么说？

你做过的事或说过的话：
_____
_____
_____

而这个人就有了这样的想法和感受：
_____
_____
_____

然后这个人可能会对其他人这样说你：
"_____
_____
_____"

你的名字: _____   这个人的名字: _____

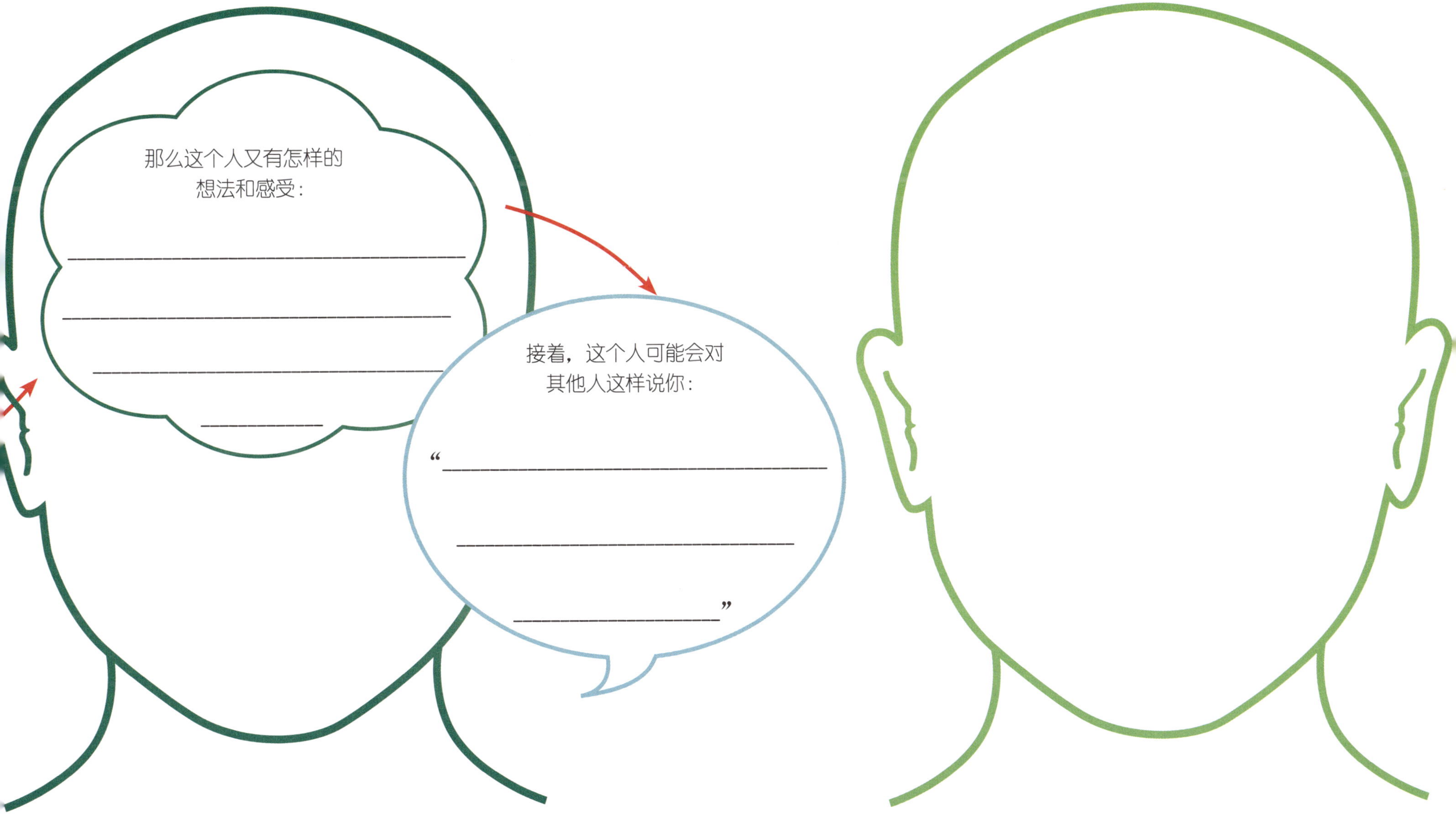

那么这个人又有怎样的想法和感受：

_____

_____

_____

接着，这个人可能会对其他人这样说你：

"_____

_____

_____"

这个人的名字：_____

这个人的名字：_____

你往日的言行与其他人的思想！

你的名字：_____

甲的名字：_____

这个人对你所说或所做的感受和想法：
_____
_____ ……让这个人感到……
_____
_____

乙的名字：_____

这个人对你所说或所做的感受和想法：
……让这个人感到…… _____
_____
_____
_____

你往日的言行
_____
_____
_____
_____
_____

与其他人的思想！

丙的名字：_____

这个人对你所说或所做的感受和想法： ……让这个人感到……
_____
_____
_____
_____

丁的名字：_____

……让这个人感到…… 这个人对你所说或所做的感受和想法：
_____
_____
_____
_____

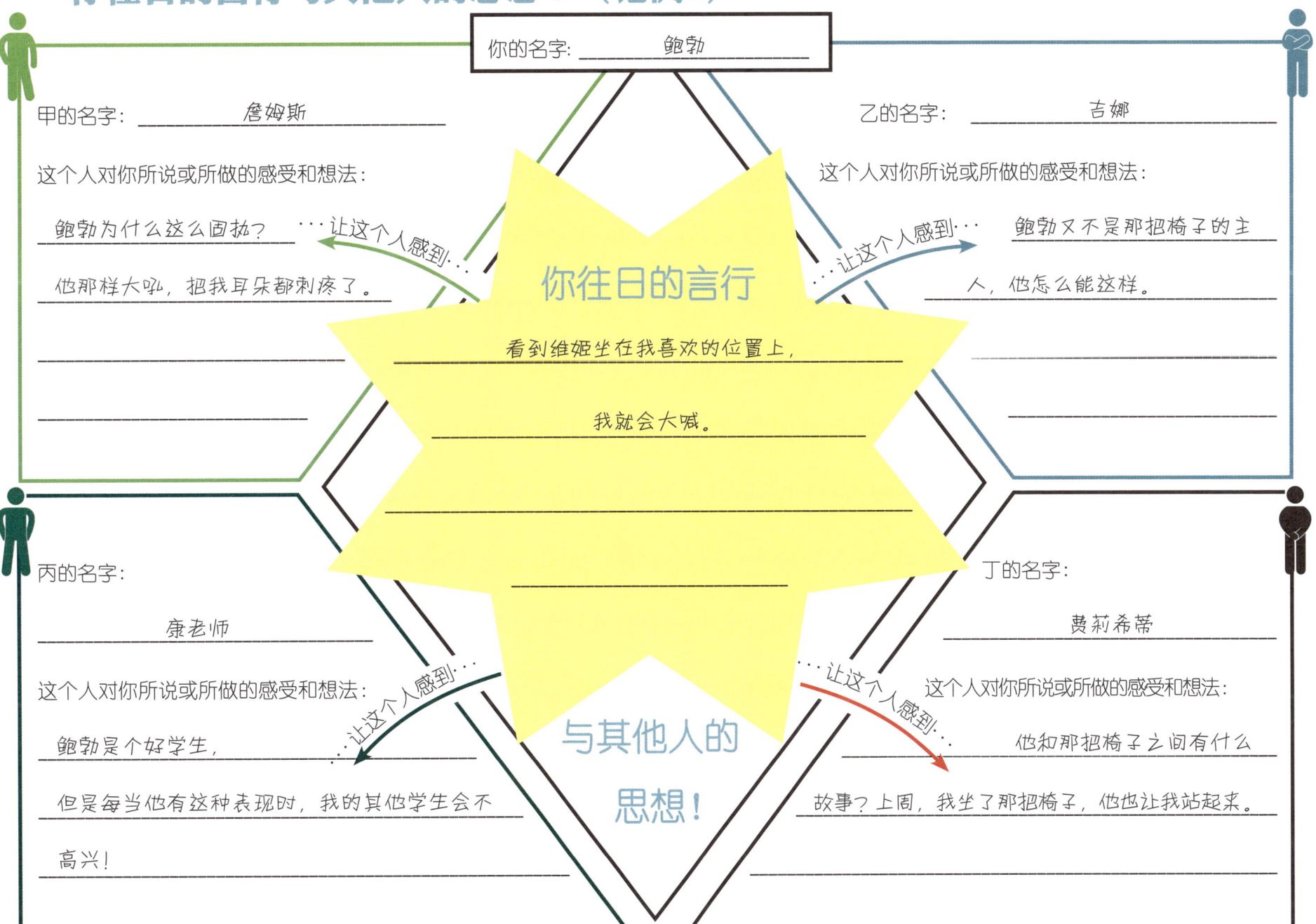

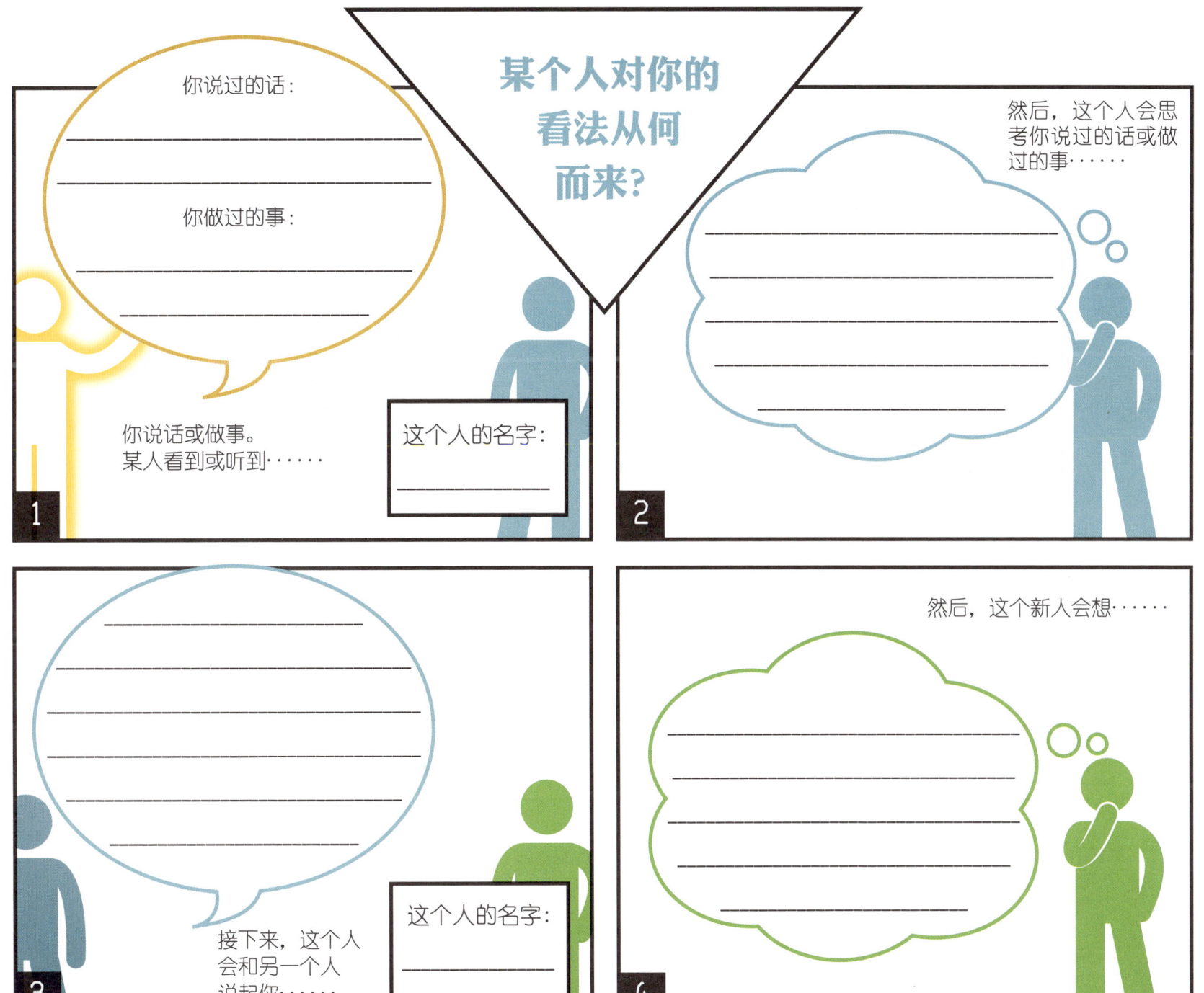

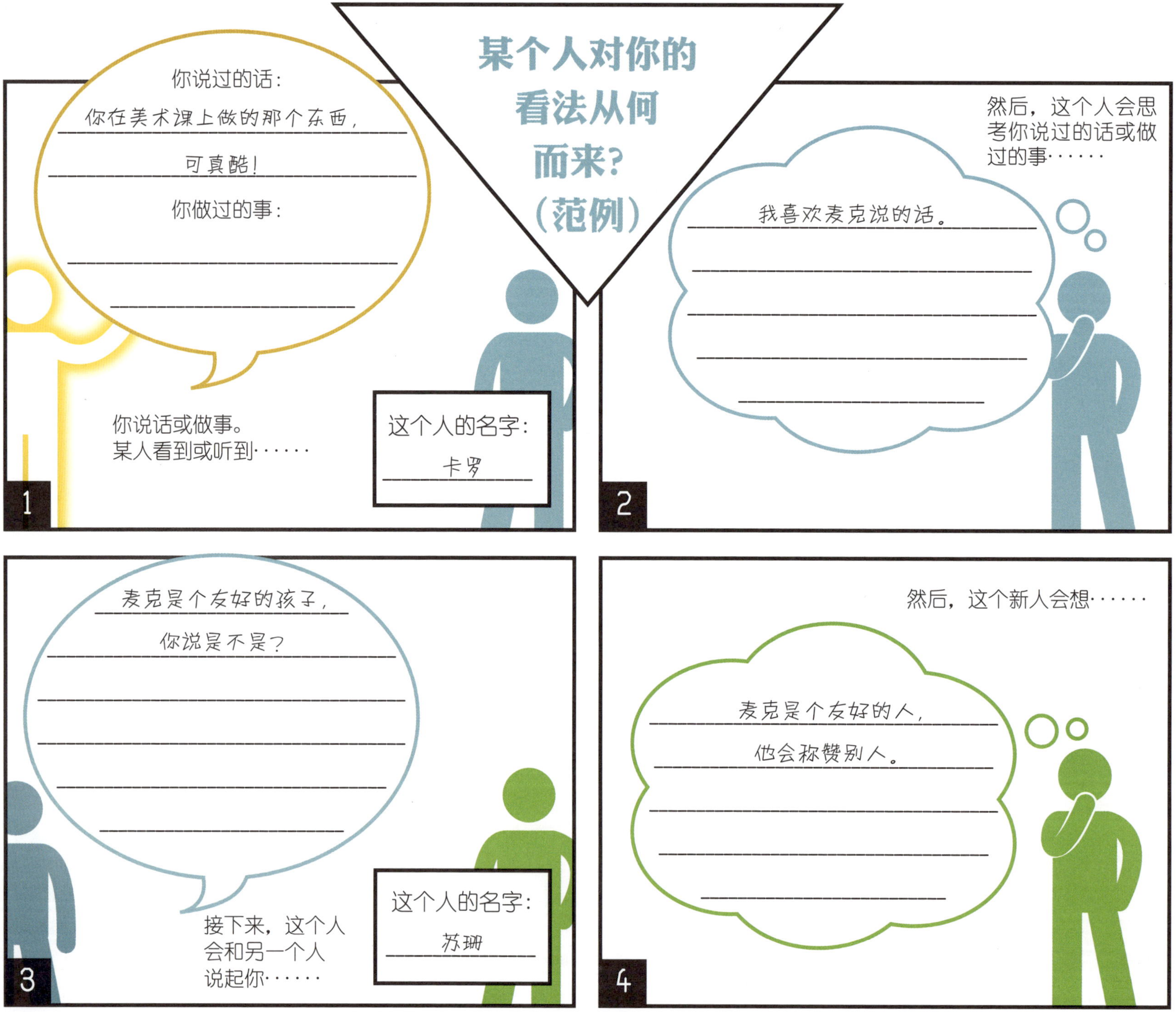

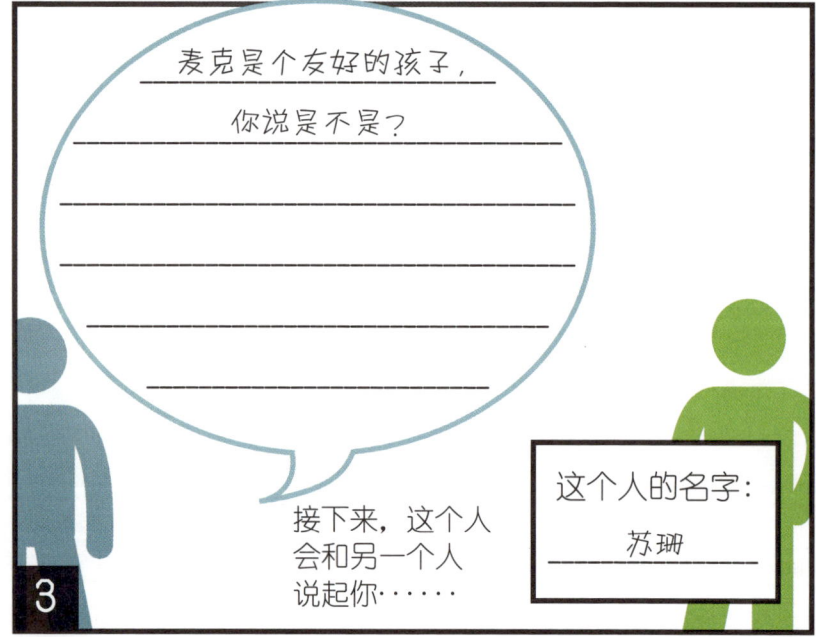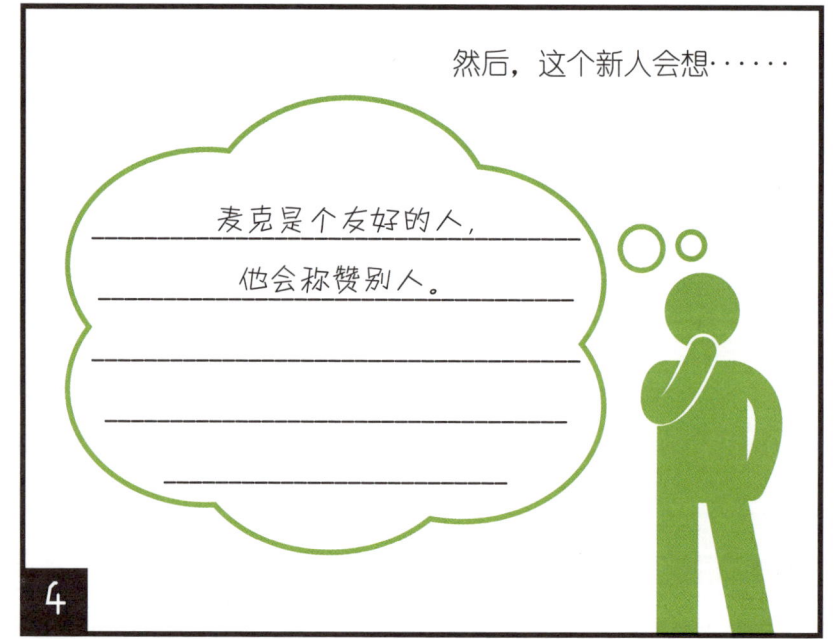

现在，这两个人在分享关于你的记忆

当他们想到你时，他们可能会这样想：

"_____
　　　　　　　[你的名字]
是一个_____的人。"

"_____
　　　　　　　[你的名字]
会_____

_____"
　　　　　　　[你的行为举止]

当他们想到你时，他们的头脑中会浮现出这样的画面：

这个人的名字：_____　　你的名字：_____　　这个人的名字：_____

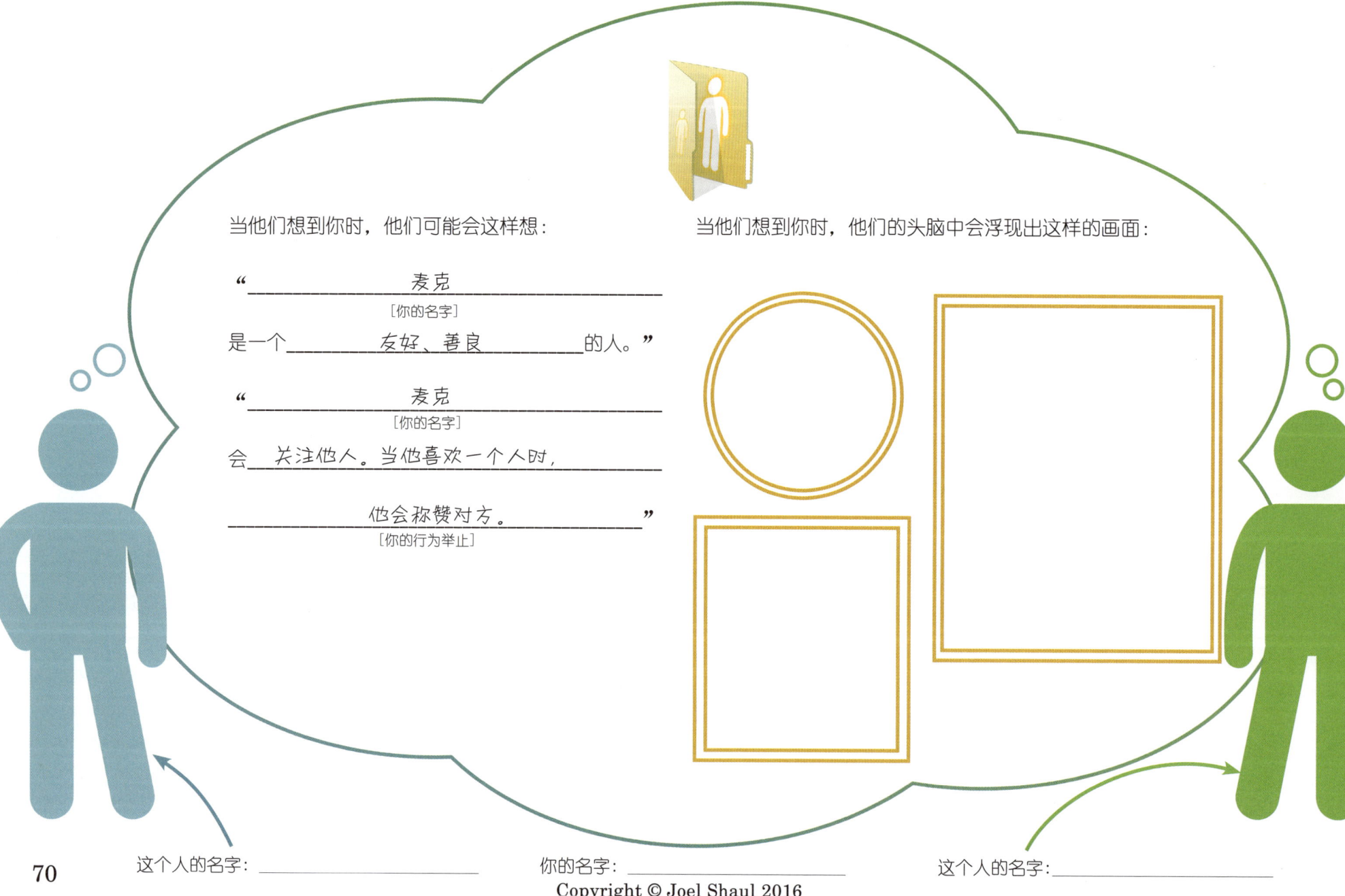

他人对你的看法——过去和未来

写出并画出你的答案。你可以寻求成人的建议与帮助。

你曾做过或说过的事，给这个人留下了"美好的"回忆：	你曾做过或说过的事，给这个人留下了"不好的"回忆：
_____	_____
_____	_____
_____	_____
_____	_____
这个人可能会"喜欢"你，你可以做的更多一些的事：	这个人觉得你"不好相处"，你可以少做一些，或不做的事：
_____	_____
_____	_____
_____	_____
_____	_____

这个人的名字：_____   你的名字：_____

检核单:他人"不喜欢的事"

没有人是完美的!大多数人都会做一些或者很多打扰他人的事。在可能会干扰他人的事项旁边打"√"。如果有需要,请随时寻求成人的帮助。

如果你有很多问题,请别难过!相反,你应该高兴,因为你很擅长发现问题,这对你来说真的很棒。

只谈论你想说的,而不谈对方喜欢说的	☐	你更关注网上的人和事,而不是现实中认识的人	☐
没用心倾听	☐	和其他人一起玩或外出时,不设法参与	☐
沉浸在自己的想法里,不顾对方说了些什么	☐	花费过多的时间独自做自己喜欢的事	☐
不说你好,不说再见	☐	过于频繁地"迷失"在你臆想的幻境里	☐
不使用礼貌用语,如:请、谢谢、打扰了、抱歉	☐	你喜爱的"事物"变得比你身边的人更重要	☐
说话的声音太大或太小	☐	学习不够努力	☐
话太多或话太少	☐	不做你分内的家务	☐
打断	☐	应当镇定或严肃时,却表现得过于傻气	☐
让别人听到你大声地自言自语	☐	玩得太疯,以至于惹恼了他人	☐
陷在"个人空间"里,或不合时宜地触碰他人	☐	说话或做事太过"幼稚"	☐
和他人交谈时,不看对方	☐	与你无关的事,却表现得很霸道或用"老师的口吻"	☐

有人在身边时，过度关注手机、游戏、玩具等	☐	在不必要的时候，唠叨或纠正他人	☐
自私，且期望少付出，多得到回报	☐	因生气而损毁东西	☐
希望排在队伍的第一个，希望游戏得第一，希望第一个轮到自己，希望第一个被叫到	☐	说你想伤害某人或毁坏某物	☐
太想获胜，因而在输掉时过于失望	☐	不合时宜地大哭或过分沮丧	☐
赢了就吹牛，吹嘘自己有什么或会什么	☐	当着别人的面，抠鼻屎或做其他恶心的事	☐
太自我	☐	吮吸手指	☐
因计划或常规的改变，出现过多问题	☐	当着别人的面，触碰自己的隐私部位	☐
欺负或嘲笑他人	☐	不保持身体清洁	☐
注意不到别人需要帮助，或不帮忙	☐	不保持头发干净、整齐	☐
注意不到他人因某事而十分高兴，或注意到了，但什么都不说	☐	穿奇怪的衣服，不合时宜或不整洁	☐
不寻求帮助，或不接受帮助	☐	不系鞋带	☐
因不高兴，而表现得刻薄或吓人	☐	举止怪异，让别人对你产生"奇怪的想法"	☐
打、踢或推别人	☐	其他：_____	☐

1 做得好！ 1	5 太棒了！ 5
1 做得好！ 1	5 太棒了！ 5
1 做得好！ 1	5 太棒了！ 5

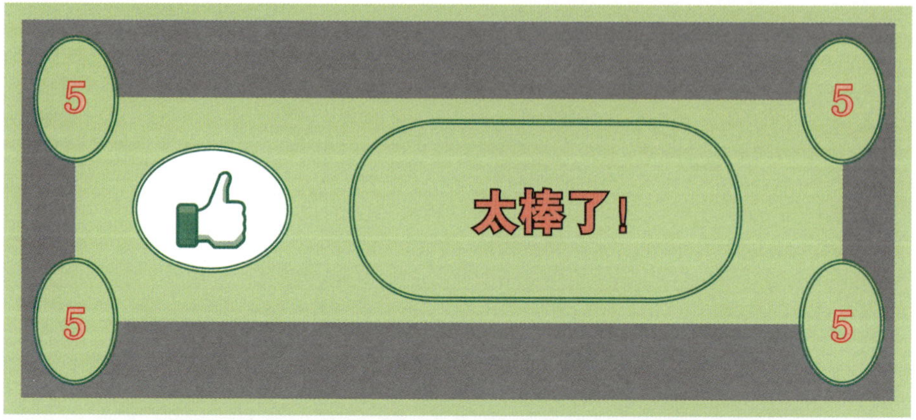

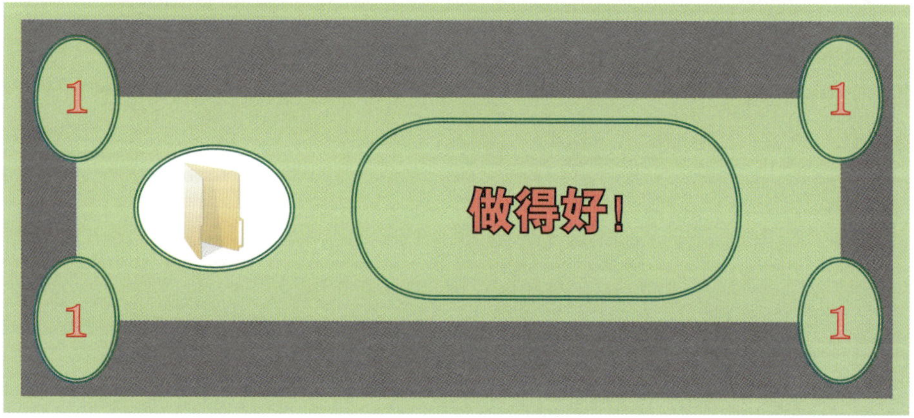

图书在版编目（CIP）数据

用电脑学社交：提高社交技能的视觉策略 /（美）乔尔·沙乌尔（Joel Shaul）著；王漪虹译. -- 北京：华夏出版社，2019.1
书名原文：Our Brains Are Like Computers!: Exploring Social Skills and Social Cause and Effect with Children on the Autism Spectrum
ISBN 978-7-5080-9539-4
Ⅰ.①用… Ⅱ.①乔… ②王… Ⅲ.①孤独症-心理交往-儿童教育-特殊教育 Ⅳ.①G766②C912.11

中国版本图书馆CIP数据核字(2018)第170686号

Copyright © Joel Shaul, 2016
First published in the UK in 2016 by Jessica Kingsley Publishers Ltd
73 Collier Street, London, N1 9BE, UK www.jkp.com All rights reserved
Printed in China

中文简体版权属华夏出版社所有。
严禁以任何形式使用本书中的文字和图片，违者必究。
北京市版权局著作权合同登记号：图字01-2018-3424号

用电脑学社交：提高社交技能的视觉策略

作　　者	[美] 乔尔·沙乌尔
译　　者	王漪虹
责任编辑	薛永洁
出版发行	华夏出版社
经　　销	新华书店
印　　装	北京汇林印务有限公司
版　　次	2019年1月北京第1版　2019年1月北京第1次印刷
开　　本	889×1194　1/16开
印　　张	5
字　　数	15千字
定　　价	39.00元

华夏出版社　地址：北京市东直门外香河园北里4号　邮编：100028　网址：www.hxph.com.cn　电话：（010）64663331（转）
若发现本版图书有印装质量问题，请与我社营销中心联系调换。